出世之心 行入世之道

张波/编著

超然不为　为所当为
为而无执　为而无功

群言出版社
QUNYAN PRESS

·北京·

图书在版编目（CIP）数据

以出世之心　行入世之道／张波编著. -- 北京：
群言出版社，2024. 9. -- ISBN 978-7-5193-0969-5

Ⅰ. B223.15

中国国家版本馆 CIP 数据核字第 20247NH126 号

责任编辑：李　群　宋盈锡
封面设计：李士勇

出版发行：群言出版社
地　　址：北京市东城区东厂胡同北巷 1 号　（100006）
网　　址：www.qypublish.com（官网书城）
电子信箱：qunyancbs@126.com
联系电话：010-65267783　65263836
法律顾问：北京法政安邦律师事务所
经　　销：全国新华书店

印　　刷：北京九天万卷文化科技有限公司
版　　次：2024 年 9 月第 1 版
印　　次：2024 年 9 月第 1 次印刷
开　　本：880mm×1230mm　　1/32
印　　张：8.75
字　　数：169 千字
书　　号：ISBN 978-7-5193-0969-5
定　　价：68.00 元

自　序

读《老子》多年，每每读起都有心得。

因其思想深邃、寓意深远却又文字精练、含蓄隐晦，可做众多不同角度的解读，故而初读《老子》八十一章，总觉得其形散、其意难，仿佛道就在左右，却又似雾里看花、水中望月，始终隔着一层，可望而不可即。

在反复诵读、钻研多年，特别是经历了世事的巨大变迁之后，忽有所悟，对无为之道等核心思想产生了新的理解，恰似打通了任督二脉，茅塞顿开。再读《老子》，顿有前后呼应、融会贯通之感，不觉拍案赞叹，真乃修身养性之圭臬、经世治国之重器！

稍有所获之后，便时常与身边人分享、探讨，愈觉《老子》对修身养性、为人处世、主政理事等具有深刻的指导意义。加之数十载人生经验的印证，也更坚定了自己把读《老子》多年之心得分享给大家的决心，遂于2023年初春动笔，写下本书，以期与大家共同探讨。

本书是自己研读《老子》多年的心得，以修身齐家治国平天下的视角，对"玄之又玄""为无为""大制不割"等核心思想，进行了重新解读。基于这些新解，可以更好地把握原著的思想脉络，及其前后贯通呼应之处，所以本书仍借助原著八十一章的顺序，每章先以《老子》原文为引，希望大家能够在原文处稍做停留，思忖片刻，然后再和大家探讨自己对《老子》真正含义的揣测。

本书中引用的《老子》原文以饶尚宽先生译注的通行本（中华书局 2016 年版）为参考，结合高明先生的《帛书老子校注》（中华书局 2022 年版）和自己的理解，对个别感觉突兀或者疑似错简的字句，在相应章节最后的"注"中，说明自己的理解与认识。

非常感谢群言出版社的李群老师和宋盈锡老师，两位老师的悉心指导和大力支持，使本书最终得以面世。

受本人才力、学识所限，文中疏漏谬误之处，在所难免，还望读者海涵。本书旨在为解读《老子》提供一个新的视角和思路，以期与同道中人切磋，而不敢自以为是。

张 波

2023 年 12 月

前　言

子曰："《诗》三百，一言以蔽之，曰'思无邪'。"

从修身齐家治国平天下的角度解读，《老子》五千言，其要旨也可一言以蔽之，这就是：以出世之心、行入世之道。

入世之道是《老子》一书的核心思想之一，从以下两点可见一斑：

第一，通行本把《老子》分为八十一章，按照各章主旨分类，大约三十二章讲修身，二十二章讲治国，十四章论道，十二章讲无为之道，另有一章讲养生。全书八十一章之中，大约有六十七章讲的是修齐治平的入世之道。

第二，《老子》前三章中，第一章讲大道之门，第二章讲无为之道，第三章讲治国之策，这三章是全书的核心，后续章节都是围绕这三章展开的。这三章之间的逻辑关系也非常清晰：（1）道是老子思想核心中的核心，是老子思想体系的基石，也是无为之道、治国之策、修身准则的底层逻辑；（2）把遵道而行落到实处，转化为可执行的修齐治平原则，就是无为之道；（3）把无为之道应用到治国当中去，就是老子所提倡的治国之策。因此，从全书的逻辑分析，《老子》一书的落脚点，就是修齐治平的入世之道。

从上一段的分析可以看出，老子所推崇的入世之道，其核心就是无为之道。那么，到底什么是无为之道？如何才能行好无为之道？

老子在第二章中，将无为之道归纳为三点：万物作而弗始，为而弗恃，功成而弗居。据此我们可以看出，行好无为之道的基本要求之一，是超然物外："万物作而弗始"，要求"为"之前超然物外，"以百姓为刍狗"；"为而弗恃"，要求"为"的过程中超然物外，"用志不分，乃凝于神"（用心专一，聚精会神）；"功成而弗居"，要求"为"之后超然物外，淡泊宁静，而不要自以为有功。如何才能超然物外？就是要"不自生""后其身""外其身"，要有一颗出世之心。

庄子在《达生》中讲了一个故事：

颜渊问孔子："我曾经乘船渡过一个叫觞深的深潭，摆渡人的驾船技术出神入化。我问他，'驾船可以学会吗？'他说：'可以。善于游泳的人很快就能学会。像那些会潜水的人，即使从来没有见过船，也能驾驶。'我再问他，他就不告诉我了。请问这是什么意思？"

孔子说："善于游泳的人很快就能学会驾船，是因为他完全忘记了水的存在（不会因担心溺水而分心）。会潜水的人即使没有见过船，上船也能驾船，是因为他视深渊如高地，视翻船如在陆地上倒车。无论翻船还是倒车，都不会干扰他的内心，他到哪里会不从容呢?!用瓦制品做赌注，就会心思灵巧（从而发挥出自己应有的水平）；用带钩做赌注，就会心情紧张（发挥就会失常）；用黄金做赌注，便会心智昏乱（发挥就会很差）。他的技巧还是一样的，只是由于有所顾惜，就会重视外物。凡是重视外物的人，内心就笨拙（做事就不能发挥出自己应有的水平）。"

这个故事生动地告诉我们，只有修一颗出世之心，超然物外，才能不受外物所累，把全副身心都投入到应该做的事情本身，行好入世之道。

目　　录

4

第一章　大道之门

原文：

道可道，非常道；名可名，非常名。

无，名天地之始；有，名万物之母。

故常无，欲以观其妙；常有，欲以观其徼。

此两者，同出而异名，同谓之玄。玄之又玄，众妙之门。

波说：

大道之门在哪里？就在本章指出的方向。体悟大道，须遵循两条：

第一，相信但不迷信。无论语言如何精妙，语言描述的道都只能是相对准确的，或许可以无限接近常道，但却永远不能完全等同于常道。用心钻研、体会古圣先贤的教导，可以帮助我们建立有关常道的初步概念，迈出体悟大道的第一步，但体道、悟道却是一个终身修行的过程，永无止境。在修行过程中，既要保持开放的心态，虚怀若谷，善于汲取古圣先贤思想的精华，又须独立思考，用心体会，切不可迷信，不可盲从。

第二，在有、无之间体会常道。无和有是大道最重要的两个侧面，大道的运行，体现在无、有相互转化的过程之中，这种转化过程循环往复、无始无终。体悟大道的法门，就在于研究、体会常无和常有的各种现象及其运动方式，掌握无和有之间相互转化的过程和条件，洞悉天地万物运动、变化的规律，进而自觉地遵道行事。

> **道可道，非常道；名可名，非常名。**

道是可以用语言描述的，但语言描述出来的道却不是永恒的常道；可以用道这个名称来称呼常道，但作为名称的道字，一旦讲出来，就已经不是作为常名的那个道字了。

虽然我们可以努力地从各个角度去了解常道、描述常道，但却永远不可能用语言全面、准确地把常道讲清楚，甚至于道这个名字，一旦被人们说出来，在内涵和外延上就已经不能与作为常名的那个道字完全重合。

常道本是无名无形的，无名无形就没有局限，就是无穷的，而一旦用语言描述出来，甚至用一个名字来代表常道，就变成了有名有形，有名有形就会有边界，就有了局限，因此作为常名的道，与常道本身已经隔了一层，而语言所说的道这个字，与作为常名的道字之间，在外延和内涵上又隔了一层，语言所说的道与常道之间隔了两层，当然不能完全一致。由于无名无形与有名有形之间存在的固有隔阂，想要用语言和名字这些有形的东西来全面、准确地说明无名无形的常道，理论上就是不可行的。

正因如此，在体道、悟道、行道的过程中，我们应该始终保持谦虚、开放的态度，而不能像摸象的盲人那样，故步自封，以不知为知。同时，还应该不断探索，独立思考，避免盲从，避免被成见捆住手脚。只有这样，才能逐渐加深对大道的体悟。

> **无，名天地之始；有，名万物之母。故常无，欲以观其妙；常有，欲以观其徼。**

无，代称无形无质的虚空状态，是化生天地的本源；有，代称生养万物的有形有质之母体。因此，从永恒之无的角度，可以体验道无形无质却又化育天地万物、无处不在、无所不能的神妙；从普遍之有的角度，可以研究常道在有形有质之物中的各种表现。

语言描述的常道虽然不是常道本身，但常道还是相对"可道"的。无和有是常道最重要的两个侧面，或者说是常道最重要的两种表现形式，我们可以从无和有两个方面入手，在无和有无限循环往复的转化过程中，去认识、体会常道。

什么是老子所说的"无"呢？老子说，"无，名天地之始"，又说"有物混成，先天地生"，那么天地出现之前即已存在的"混成"之物或者说混沌状态，可以理解为以无为主导的虚空状态，因此无代表了道体的虚空一面。无还有另一层含义，代表化生天地、主宰天地万物（包括人）运行、与天地万物融为一体却又超越天地万物的无形无质的存在，包括但不限于主宰天地万物运行的客观规律。特别需要注意的是，无不是绝对意义上的一无所有，也不是绝对的死寂，而是一种充满生机的虚空状态，可以化生天地万物。

如何理解有呢？从"有，名万物之母"这句话可以看出，有代表化生万物的有形有质、可以由人类感知的存在，是常道的另一种表现形式，也可以理解为天地万物等有形有质之物的共性。因此，为了便于理解无和有，可以借助"形而上者谓之道，形而下者谓之器"这个说法，把"无"视为常道之形而上的部分，把"有"视为常道之形而下的部分。

具体而言，体道、悟道须从两个方面入手：第一，"常无，欲以观其妙"，从永恒之无的角度，体验道无形无质却又无处不在、主宰一切的神妙，认识道的作用及其运行规律；第二，"常有，欲以观其徼"，研究天地万物这些常有发生、发展的现象，透过现象看本质，考察、分析道对万物的作用及其规律，从天地万物的现象中反推、验证道的作用和运行规律，如同中医辨证施治，通过望闻问切，观察、了解病人的症状，分析、判断病人所患疾病及其病因、病机、病理，从而确定治疗方案。

此两者，同出而异名，同谓之玄。玄之又玄，众妙之门。

无和有虽然名称不同，但它们同出自常道，是常道的两种表现形式，都玄妙幽深而难以全面、准确地把握，因此就把它们都称为玄。把握无和有这二玄之间循环往复的转化过程及其转化条件，就是认识常道的门径。

无和有之间具有怎样的关系呢？我们可以从三个层面来把握：第一，"此两者同出而异名，同谓之玄"，这句话的意思很清楚，无和有都出自常道，是常道的两个侧面，也都是常道的表现形式，都具有玄妙幽深而难以全面、准确把握的特点，都可以称之为玄；第二，"有之以为利，无之以为用"，说明必须"有"和"无"相互配合，才能成就万物，实现万物的功用；第三，"有无相生""玄之又玄"，二者相辅相成、相生相杀，始终处于相互转化的过程之中，无始无终。

体悟常道的总门径，在于"玄之又玄"。有和无都可称为玄，玄之又玄的意思就是，无生有，有又化无，无又生有……有和无之间始终处于相互转换的过程中，这一过程循环往复，无始无终。把握有无之间相互转换的条件和过程，就是体道悟道的总门径。

"玄之又玄"是"众妙之门"，是理解常道的枢纽，其重要性不言而喻，因此有必要对"玄之又玄"的含义做进一步探讨、说明。

第一，从字面意思理解，老子把"无"和"有"都称之为"玄"，因此这里的玄既可以指称"无"，也可以指称"有"；"之"字的甲骨文字形是脚离开地面的样子，本义是往、到某某地方去；"玄之又玄"的意思是从此"玄"转换到彼"玄"，又回到此"玄"，又去往彼"玄"……循环往复。从逻辑上讲，此"玄"和彼"玄"应该是不同的，否则便无所谓往；也就是说，如果此"玄"是"无"，那么彼"玄"就是"有"；如果此"玄"是"有"，那么彼"玄"就是"无"。

第二，"反者道之动"，反是常道运动的表现形式，这里的"反"具有反对和返回的双重含义：一个具体事物自出生或形成（从无到有）开始，就"负阴而抱阳"，同时包含有阴阳二气，在生长、发展的同时，其内部也在逐步培养自身的反对力量，随着反对力量的成长、壮大，事物逐步走向自己的对立面，这是反对之反的运动过程；这个"反对"的过程进一步发展，对立面进一步发展壮大，最终取得事物发展的主导权，使事物走向衰落、灭亡，返归到无，完成反的返回过程。从现象上看，万物的发生、发展，都是从无到有、再从有归于无、无中又生有、有又归于无，循环无穷。

无和有之间的转化过程千差万别，不同的条件也会影响转化的进程，使之加速或者延缓，或者改变转化方向，如果掌握了无和有之间转换的过程和条件，我们就可以根据需要，创造条件，设法延缓或者加速某项转换的进程。因此，研究无和有之间的转换条件和过程，是我们体道、悟道的总法门，可以为人们修身养性乃至经世治国提供具体指导。

以养生为例，人生的过程是一个从无到有、再由有归无的过程，所有人最终都会死亡而回归于无，概莫能外。但是，如果掌握了生命之道，明白生命之有无之间相互转化的规律，我们就可以按照规律行事，延长从有到无的过程，推迟身体衰老的进程，尽可能延长健康、健全体魄所持续的时间，从而做到《黄帝内经》中的"却老全形"，这样就达到了健康长寿的目的。

第二章　无为之道

原文：

天下皆知美之为美，斯恶已；皆知善之为善，斯不善已。

有无相生，难易相成，长短相形，高下相倾，音声相和，前后相随，恒也。

是以圣人处无为之事，行不言之教：万物作而弗始，（生而弗有，）为而弗恃，功成而弗居。夫唯弗居，是以不去。

波说：

提到老子或者道家，首先进入我们脑海的词可能就是无为。可以说，无为之道是老子入世之道的核心思想，是老子所提倡的修身养性、经世治国总原则。

那么，究竟什么是无为之道呢？圣人为什么会行无为之道呢？

无为之道不是躺平，不是彻底、完全的不作为。在本章中，老子把无为之道概括为三个方面：万物作而弗始，为而弗恃，功成而弗居。结合全书其他章节的阐述，我们归纳出无为之道的四大原则：一曰超然不为；二曰为所当为；三曰为而无执；四曰为而无功。

在本章的后续部分，我们将详细说明这四大原则的基本内涵。

为什么圣人要秉持无为之道呢？因为圣人观察、体悟到，天下没有绝对的美和善，也没有绝对的丑和恶；美丑、善恶都是主观判断的结果，都是相对的，在一定条件下才能成立；随着环境、条件的变化，美与丑、善与恶也可以相互转化。因此，圣人才会自觉地顺应自然，避免依据自己的好恶对事物进行主观的价值判断，更不会对其施加不必要的干预和影响。

以我们日常生活中的人际交往为例，正所谓彼之砒霜、吾之蜜糖，不同人所处的环境、位置不同，对同样的事物，自然会产生不同的看法和立场。如果能修得一颗出世之心，始终保持超然物外的态度，就能具有同理心和包容心，从对方的立场出发去考虑问题，自觉地理解、包容天地万物与自己的不同，以虚心、谦下的态度待人，不自以为是，不按照自己的主观标准去评判别人的是非曲直，不把自己的主观意志强加于人，更不对别人指手画脚。做到这一点，就能兼听则明，就能赢得众人的信任、尊重、支持，就能无往而不利。

> 天下皆知美之为美，斯恶已；皆知善之为善，斯不善已。
> 有无相生，难易相成，长短相形，高下相倾，音声相
> 和，前后相随，恒也。

如果天下人都知道什么是美，那么丑的概念也就随之产生了；如果天下人都知道什么是善，那么不善的概念也就随之产生了。有无相互化生，难易相对而成，长短相较而形，高下相互依存，音声相互应和，前后相随不离，这是永恒不变的道理。

天下万物都由道化生，都有其存在的理由，依道观之，本无所谓美丑，也无所谓善恶。那么善恶、美丑的概念又是怎么形成的呢？是人类主观定义的。如果人为规定什么样的是美的，并且这种所谓美的定义被天下人所接受，那么丑的概念也就随之出现了。如果人为规定什么样的是善的，并且这种所谓善的定义被天下人所接受，那么不善的概念也就随之产生了。对此我们应该有一个清醒的认识，即美丑、善恶等等，都是主观判断的结果，都是相对的。庄子在《齐物论》中道："毛嫱丽姬，人之所美也；鱼见之深入，鸟见之高飞，麋鹿见之决骤，四者孰知天下之正色哉？"毛嫱和丽姬是公认的大美女，可是鱼见了她们，却赶紧潜入深深的水底；鸟见了她们，也高飞远遁；麋鹿见了她们，也奋蹄狂奔，躲得远远的。显然，人、鱼、鸟、麋鹿对美的定义是不同的，我们能说谁的定义才

是对的吗？所以说，美丑、善恶等等概念，都是主观的、相对的，不能绝对化。

与此类似，任何看似对立的事物，实际上都始终是相辅相成而又可以相互转换的，有和无、难和易、长和短、高和下、音和声、前和后等等，无不如此，一方面，他们都是相辅相成的，离开前者则后者不存在，离开后者则前者不成立；另一方面，在一定条件下，二者又可以相互转化，庄子说，"天下莫大于秋毫之末，而太山为小"，动物秋天所生的毫毛已经很细小了，毫毛的末端更是小之又小，但与更小的事物相比，它却又是大的；太山顶天立地，已经够大了，然而与天地等更大的事物相比，它却又是渺小的。庄子通过秋毫之末和太山这两个比喻，形象地说明了大和小的相对性，以及二者在一定条件下可以相互转换的道理。

> **是以圣人处无为之事，行不言之教：万物作而弗始，为而弗恃，功成而弗居。**

因此，圣人以无为之道处事，以不言之教实施教化：万物勃然兴起而不造不始，有所施为却不仗恃所为，功业成就而不据为己功。

正因为圣人体悟了亘古不变的常道，了解价值判断具有主观性、相对性，明白天下没有绝对的对错，万事万物都有各自存在的道理，争论是非曲直没有意义，所以才会以无为之道处世做事，以不言的方式进行教化。因此，处无为之事和行不言之教，不是圣人故作高深地刻意为之，而是圣人体悟常道、遵道行事的自然结果。

处无为之事，不是绝对的、彻底的不作为，而是遵循无为之道。在本章中，老子指出了无为之道的三层含义：万物作而弗始、为而不恃、功成而不居。

万物作而弗始，是无为的目标和基本原则。无为的目标是彻底的不为，无为之道的基本原则是不造不始，也就是不首倡、不干预、不生事，超然物外，"以万物为刍狗""以百姓为刍狗"，任由万物自然发展，除非出现了偏离大道的情况，不对万事万物进行任何干预或干涉。

为而弗恃的意思也可以从几个方面理解。第一，应有所为：在出现偏离大道的情况时，应当负起责任，有所作为。第二，为所不得不为：以不得不为为限度，尽可能少为。第三，不执着于所为：从事情本身出发，以客观、公正的态度，确定如何作为，以超然物外的心态去为，不要自以为是，不要执着甚至沉溺于所为，而是始终保持开放的心态，注意听取不同意见，随时观察所为的效果，随时根据实际情况进行必要的调整。第四，超然对待所为的结果：避免自己的认识、判断、情绪被所为的过程或结果影响，这样才能发挥出自己的水平，把事情做好。

很多人可能都有过与别人争执的经历，刚开始的时候，发生争执是因为意见不同；随着争执的升级，是非之争逐渐变成了意气之争，心里明明认为对方有道理，但就是不愿意承认。这就是因为执着于所为，甚至把"为"与"我"联系在一起了，把别人对事的意见当成了对人，最后明明可以解决的事情也解决不了。

功成而弗居的意思是，即使所为获得成功，达到了预期目的，圣人也会以超然的态度，淡然处之，而不会贪天功为己功。因为圣人清楚，自己的所有作为仅仅是"辅万物之自然"，是外因，真正起决定作用的是大道，是事物的内因。

综上所述，并结合全书其他章节的思想，我们可以归纳出无为之道的四大原则：

第一，超然不为：以彻底不为为目标和常态，以超然物外、不造不始为基本原则。

第二，为所当为：当事物发展偏离正轨时，应当承担起责任，及时作为；但是，作为应以不得不为为限，尽量少为。

第三，为而无执：①消除我执，不要把"为"与"我"联系起来，在判断、决定是否当为、何时当为、如何去为等过程中，要做到"外其身"，以施为对象的实际情况为唯一依据，不要掺杂任何个人因素（如欲望、利益、感情、情绪等等），确保决策的客观性、公正性、正确性；②不执着于"为"本身，在为的过程中，既要心无旁骛地全力施为，又不能自以为是，不能偏执，而应以超然、开放的心态，冷静、客观地观察、评估所为的效果，根据实际情况随时调整；③不执着于为的结果，无论所为结果是否达到预期目标，都以超然、坦然、淡然的态度接受，不因结果不同而影响自己的认识、判断、态度、情绪等等。

第四，为而无功：①客观上，所有的为都应因物之性、顺势而为，做到为而不争、为而无形、为而无迹，最终实现了预期目标、获得了成功，却完全没有施为的痕迹，也没有人意识到施为者的贡献和功劳；②主观上，施为者应该清楚，自己的施为仅仅是"辅万物之自然"，只是起次要作用的外因，因而不会居功，自觉做到"事了拂衣去，深藏身与名"。

不言之教是无为之道在教化方面的具体应用。理解不言之教的核心，在于准确理解不言的含义。这里的不言，可以从四个方面去理解：第一，真正不依赖言语的身教，通过施教者的行为示范，起到潜移默化的教化效果；第二，除非必要，不要干涉施教对象，不要对施教对象的言行进行价值判断和评价，更不要随意批评、指责施教对象；第三，不要把自己的意志强加于人，不要对施教对象指手画脚，而应根据施教对象的本性，因势利导，引导被施教者逐步觉悟；第四，不急于求成，要有滴水穿石的耐心。

就像小国寡民一样，绝对的、彻底的不为和不言只能是一种理想，是统治者在人类社会处于最理想状态时候采取的治理和教化方式。在现实生活中，是不可能完全达到这种状态的，因为人类都拥有天赋的基本欲望和聪明才智，随着对外交往的增多，阅历的增加，基本欲望会逐步膨胀和蔓延，人也倾向于利用自己的聪明才智去求取名利，满足自己的欲望，这样人类社会就会变得你争我夺甚至弱肉强食，动荡不安，不利于人类整体的发展，因此老子才说"化而欲作，吾将镇之以无名之朴"。老子所推崇的"太上"也仅仅能做到"悠兮其贵言"，而不能不言，这也说明，在现实社会中，无论是治理天下还是教化万民，统治者和圣人都不可能彻底地不为，他们所能做的，是尽量少为，并且还要遵循"为而不争"的原则，顺物之性、因势利导地为，而不能逆物之性去强为、妄为。

夫唯弗居，是以不去。

正因为不居功，所建之功方可长久保持。

正因为圣人超然物外，不造不作、不恃不居，所以圣人方可顺应大道，为其当为，从而成就大功。圣人不居功，所成之功就没有与任何具体之个人建立起联系，也就不会在时过境迁之后遭人诋毁，因而功业就能长久保持，泽被万世。

注：

通行本原文为"万物作而弗始，生而弗有，为而弗恃，功成而弗居"，帛本没有"生而弗有"四字，根据文义理解，以帛本为胜，因此这里依据帛本，删去"生而弗有"四字。

第三章　治国之策

波说：

高明的管理者，善于运用无为之道，使被管理者由"要我干"变为"我要干"。

无论是治理国家还是管理企业，甚至是养生治病，都应该取法本章的理念，以无为之道为指导、以治本为核心原则：管理国家和企业，以治理人心为本，制度、法规、教化等等，都只是治理人心的辅助手段；养生治病以扶正祛邪为本，按摩导引、针砭汤药等等，都只是提升人体正气、祛除邪气的辅助手段。

治理民心之道，首先在于不主动扰民，其次在于通过统治者的言传身教，辅之以必要的制度法规，引导百姓回归无知无欲的淳朴状态，从而消除争竞、动乱的根源，实现无为而治。

具体而言，无为而治是治国的终极目标，"为无为"是治国的指导方针，"常使民无知无欲，使夫智者不敢为"是为无为的基本策略，而"不尚贤""不贵难得之货""不见可欲""虚其心，实其腹，弱其志，强其骨"，则是实现无为的具体措施。

> 不尚贤，使民不争；不贵难得之货，使民不为盗；不见可欲，使民心不乱。

不要提倡贤德，不要尊崇有贤德之名的人，以免百姓为了博取贤名而争斗；不要过分看重、追求稀缺难得的财货，以免百姓为了图财而起盗心，甚或沦为盗贼；不要炫耀能引起人贪欲的东西，使百姓免受诱惑而保持淳朴之心。

"不尚贤""不贵难得之货""不见可欲"，是"万物作而弗始"原则在治国中的具体运用。统治者自己做到"不尚贤""不贵难得之货""不见可欲"，才不会扰动百姓的身心，进而通过自己的言传身教，引导百姓"不争""不为盗""心不乱"，使百姓保持淳朴的赤子之心。

对于"不尚贤""不贵难得之货""不见可欲"的理解，

必须把握老子的本义是要重本质而轻文饰。不是说贤人、财货、可欲的东西都毫无价值和意义，而是强调不要过分地从形式上尚贤，不要过分地追求难得之货，不要过分沉溺于可欲之物，甚至炫耀可欲之物。

治理天下当然需要德才兼备的贤能之人，不可能说庸才或者小人能比贤能之人更好地治理天下。但是，任用贤才的本质在于人尽其才，并根据其贡献给予相应的报酬和名位，而不能仅仅因为某人有贤名就给予与其贡献不相匹配的名位，更不要借尚贤之名搞出各种虚文，比如说，人为地制订一套贤人的规范和标准，只要使当权者认为达到了标准，就可以名利双收，这样的话，巧诈之人就可以利用虚伪狡诈的方式猎取贤名而获利。曹魏时期，朝廷创立了九品中正制，出发点是为了选拔出真正的人才，本义是好的，但执行的结果却是"上品无寒门，下品无世族"，就说明了这个问题，任何人为制订的标准，都会为狡诈之徒提供投机取巧的工具。

人活着就有衣食住行的需要，人能生存的前提是具备最基本的物质基础，因此，对财货的适当追求是合理的。但是，如果过分追求财货，甚至达到见利忘义的程度，那么，对个人而言，结果就是"甚爱必大费，多藏必厚亡"；对社会而言，结果就是"天下熙熙皆为利来，天下攘攘皆为利往"。毫无疑问，这样会导致争竞不休，加剧社会动荡，增加社会治理的难度。而且，难得之货往往是奢侈品而非必需品，追求难得之货代表的是一种奢靡的风气，是对社会的毒害，因而应该摒弃这种行为，纠正这种风气。

七情六欲是人的天赋本性，适当表达七情、满足六欲也是天经地义的，但是，如果统治者过度沉溺于各种欲望，纵情声色犬马，以骄奢淫逸为荣，结果就是"楚王好细腰，宫中多饿死"，上行下效，全社会都深陷物欲的旋涡，结果可想而知。

是以圣人之治，虚其心，实其腹，弱其志，强其骨。常使民无知无欲，使夫智者不敢为也。

所以，圣人治理百姓的策略是：空虚百姓的心灵，满足百姓的温饱，削弱百姓的志欲，强健百姓的筋骨，使百姓始终没有巧诈伪饰、争名夺利之心，也不起贪婪的欲望。使那些所谓的聪明人也不敢妄为。

继上一段针对统治者自身提出要求之后，老子这里提出了治理百姓的具体措施，那就是"虚其心，实其腹；弱其志，强其骨"。

在我国古代的观念中，心主管精神和思考，"虚其心"就是要引导百姓摒弃巧诈伪饰、争名夺利之心，使其无思无虑；"实其腹"的意思是保证百姓基本的物质生活条件；心的趋向为志，"弱其志"就是引导百姓抑制其志欲，使其淡泊宁静；"强其骨"就是要使百姓筋骨强健、身体健康。

通过这些措施，使绝大多数百姓都"甘其食，美其服，安其居，乐其俗"；对于极少数不安分的所谓智者，也通过刑罚、道德、舆论等各方面的压力，使其不敢妄为。

为无为，则无不治。

以无为之道治理国家，就没有治理不好的。

老子理想中的治国目标是无为而治，在第十七章中，老子把这一目标形象化地描述为"功成事遂，百姓皆谓我自然"。为了实现这一目标，老子提出了"为无为"的治国方针，以"无为"为目标去"为"，也就是为了实现将来彻底"无为"的目的而采取各种必要措施，这些措施就是"为"。具体而言，本章前文针对统治者行为和百姓治理提出的那些具体措施，就是老子提倡的治国之为。

这些治理措施的实质，是要通过统治者的身教以及对百姓的引导，配合必要的管理措施，在保证百姓温饱的前提下，使百姓无思无虑、少私寡欲，保持其淳朴敦厚的自然天性，使巧诈之人也无机可乘，这样就从根本上为天下大治提供了保证，是实现无为而治的治本之策。

第四章 大道至虚

原文：

　　道冲，而用之或不盈。渊兮，似万物之宗。（挫其锐，解其纷，和其光，同其尘。）湛兮，似或存。

　　吾不知谁之子，象帝之先。

波说：

　　老子在第一章中指出，无和有是道的两个侧面，或者说是道的两种重要表现形式，因此我们可以从常无和常有这两个侧面入手，来体悟大道。在本章和第六章，老子进一步对常无这个侧面进行阐述和说明。本章用器物的空来比喻常无至虚无极的一面，第六章则以"谷神不死"的"不死"，说明常无中充满生机、化生万物的一面。

　　一个实心之物是无法容纳其他物体的。大道至虚无极，方能包容天地万物。人心也是一样，如果人心被自己的成见或者欲望所充满，就没有空间容纳新的思想或者不同意见，因此，我们在生活和工作中，应当效法大道的至虚能容，节制欲望，摈弃成见，自觉做到谦退、处下，方能既海纳百川，拥有包容万物的博大胸怀，又兼听则明，获得洞察一切的超凡智慧。

道冲，而用之或不盈。

道是虚空的，可无论怎么注入却永远不会盈满。

冲这里通"盅"，形容器物空虚的样子。道之无，首先表现为器物般的虚空，至虚无极、至大无形。唯其无极、无形，方可无所不包、无所不容，容纳天地万物而永远不会盈满。

渊兮，似万物之宗。

深邃啊，好似万物的祖先。

道之虚空，深邃难测，化生天地万物，包容天地万物，所以说道好似万物的祖先。

湛兮，似或存。

清澈透明啊，若有似无。

道之无也从另一个方面印证了"道可道，非常道"的道理，因为道看似清澈却又深邃难测，让人琢磨不透，因此说若有似无。

吾不知谁之子，象帝之先。

我不知道道源自何处，但它好像是天帝的祖先。

道"先天地生"，"迎之不见其首，随之不见其后"，因此没有人知道道从哪里来，但有一点是可以确定的，道在天帝之前就存在，好像天帝的祖先。

注：

"挫其锐，解其纷，和其光，同其尘"在本章中与上下文不合，打断了文章的节奏，疑为第五十六章错简，因此笔者认为移至第五十六章为宜。

第五章　圣人不扰

原文：

天地不仁，以万物为刍狗；圣人不仁，以百姓为刍狗。

天地之间，其犹橐籥乎？虚而不屈，动而愈出。

多言数穷，不如守中。

波说：

大仁不仁。

倡导仁义之学，违背了无为之道的原则，会人为地制造事端，扰动社会的安宁。因为仁义之学为巧诈之徒提供了利用巧言伪行博取名利的机会，会激起人们的贪欲，搅得人心躁动不安，使社会变得更加纷纷扰扰，结果增加了治理国家的难度，因此，无论是天地还是圣人，都始终遵循"万物作而弗始"的原则，顺应自然，尽量避免对天地万物的干预或干扰，而不会以仁义自我标榜，更不会倡导仁义之学。

为人处世，当效法天地和圣人，俭啬内守，超然物外，不要主动挑起事端；只有在不得不为时，才迫而后应，实施最低限度的为。

天地不仁，以万物为刍狗；圣人不仁，以百姓为刍狗。

天地不以仁义自我标榜，以对待草狗的态度对待万物，而不会以仁义之名干涉万物；圣人不以仁义自我标榜，以对待草狗的态度对待百姓，也不会以仁义之名干涉百姓。

本章所说的仁，不是指人类天性中的仁慈、仁爱之心，而是指作为道德规范的仁义之学。出自自然天性的仁，老子并不反对，老子将慈归为三宝之一，也说明了这点。老子所反对的，是人为地制订出一套所谓"仁"的道德规范。作为道德规范的仁，就成了文饰之仁，奸猾狡诈之徒就可以利用巧诈伪饰的方式博取仁名，并进而获取不当利益。第十八章所说的"大道废，有仁义"，和第十九章所说的"绝仁弃义，民复孝慈"，其中的仁和义，也都是说被僵化成道德规范的仁和义，是形式化的文饰之仁和义。

刍狗是草扎成的狗，在古代祭祀中用作祭品。《庄子·天运》里说："夫刍狗之未陈也，盛以箧衍，巾以文绣，尸祝斋戒以将之。及其已陈也，行者践其首脊，苏者取而爨之而已。"意思是说，在刍狗被陈列作为祭品之前，人们小心翼翼地把它安置在竹箱里，用精美的绣巾覆盖着，主祭之人沐浴斋戒，恭恭敬敬地捧着它。等到祭祀完成之后，刍狗却被毫不吝惜地扔在地上，任人践踏，最终被拾柴之人收集起来烧掉。刍狗在未祭之时备受敬重爱护，在已祭之后却遭受践踏焚烧，这种待遇的变化并非出于人类对刍狗感情的变化，而是因为情势不同。人类对刍狗本无爱憎，祭祀之前的敬重是敬重它祭品的身份和作用，祭祀后的践踏焚烧是因为它已经完成了祭品的使命，不再是祭品而是可以燃烧的草。天地对万物、圣人对百姓，也如同人们对刍狗那样，本无爱憎，只是顺其自然，任其自由自在地繁衍生息而已。

不仁方为大仁。如果天地以仁德标榜自我或者提倡仁德，势必借着行仁的名义采取行动，这些行动不可避免地会干扰万物生长和繁衍，结果对万物不但不是仁爱，反而会是伤害。

同样，如果圣人以仁德标榜自我或者提倡仁德之学，就会带来两个方面的后果：第一，圣人借着行仁的名义，发布各种政令或者采取种种行动，这些政令或行动不可避免地会诱导百姓的机心，扰动百姓的生活；第二，一旦提倡文饰之仁，势必要建立一套仁的标准，奸猾之徒就有了可乘之机，通过种种奸诈的手段，以行仁之名，行争名夺利之实，社会就变得纷纷扰扰，不得安宁。天地以万物为刍狗、圣人以百姓为刍狗，其核心意思是，天地以超然的态度对待万物，任由万物自然生长、相生相杀；圣人以超然的态度对待百姓，任由百姓自然生长、繁衍生息。所谓超然，就是第二章所描述的"万物作而弗始"。

天地之间，其犹橐籥乎？虚而不屈，动而愈出。

天地之间，难道不像一个大风箱吗？看似虚空却不是枯竭的，愈鼓动则出风愈多。

风箱本来虚静，但如果有人转动风轮，那么转动越快，出风就越多。自然界和人类社会，就像一个大风箱一样，如果没有人打扰，就会像没人鼓动的风箱一样和谐宁静；相反，行文饰之仁，就如同转动风箱的风轮，结果会打破自然界和人类社会的平衡，破坏自然界和人类社会的宁静与和谐，最终使自然界和人类社会陷入争竞不安的困境。

以文饰之仁学治理社会，犹如负薪救火，只会加剧社会的扰动，越是强调仁义道德，社会的骚动就越厉害。

多言数穷，不如守中。

多言只会加速陷入困境，不如内守本真。

这里的多言，主要是指提倡仁义之学，也可理解为统治者实施的其他各种有为之举。正因为这些行为会扰动人心，加剧社会的争竞和动荡，所以老子建议统治者不如守中：持虚守静，俭啬内敛，谨守内心的本真，保持自己的天赋本性。

第六章 虚中有机

原文：

　　谷神不死，是谓"玄牝"。玄牝之门，是谓天地根。绵绵若存，用之不勤。

波说：

　　第四章和本章从不同角度对道的常无一面进行了阐述，第四章以器物的虚空来比喻常无的至虚无极，在本章中，老子进一步以"谷神不死"的"不死"，来说明常无中充满生机的一面。

　　无中可以生有，无代表着各种可能：现在的一无所有，不代表永远的一无所有，身处逆境时，当看到希望，满怀信心地去积极努力；平静的水面，不代表没有涌动的暗流，顺风顺水时，当时时警惕，未雨绸缪，防患于未然。

谷神不死，是谓"玄牝"，玄牝之门，是谓天地根。

道就像虚空能容、神秘莫测的谷神，谷神不是死寂而是充满生机的，这就叫作玄妙的母性，它的生养之门，是化生天地的本源。

什么是谷神呢？谷神就是如同山谷那样的神，或者说具有山谷特性的神。山谷的特性是虚空能容，神的特点是无形无迹、变化万端、神秘莫测而又神通广大，因此谷神的第一个特点是至虚、至大乃至无极，似谷而无形，冲虚而不盈，能容纳天地万物；谷神的第二个特点是"不死"，谷神虽至虚至大，却又不是彻底的一无所有、一片死寂而毫无生命力，相反，谷神的虚中包含着无限生机，是孕育天地万物的神秘母性，我们可以称之为"玄牝"。玄牝的生养之门，是化生天地的本根。因此，老子以谷神来启发人们，道之常无是至虚至大而又充满生机的。

绵绵若存，用之不勤。

谷神绵绵不绝，虽然若存若亡，但它的作用却永远不会竭尽。

谷神的功用是真实存在、绵绵不绝的，天地万物赖谷神繁衍生息，但是，谷神却是看不见、听不到、摸不着的，因此是隐隐约约、似有还无的。

第七章　圣人无己

原文：

　　天长地久。天地所以能长且久者，以其不自生，故能长生。

　　是以圣人后其身而身先，外其身而身存。以其无私，故能成其私。

波说：

　　只有把个人利益甚至生死都置之度外，才能不受个人利益、成见、感情、欲望乃至情绪的影响，本着一片公心，为所当为，履行好自己的职责，最终成就一番事业，获得合理的个人利益也是随之而来的自然结果。相反，如果眼里只盯着个人私利，一切从个人利益出发，则人的眼界和格局都会受到限制，判断和决策也往往会脱离实际，结果不但不能成就一番事业，而且本可获得的个人利益也无法实现。

　　如何才能做到后其身、外其身呢？努力体道、悟道，扩大自己的眼界和胸怀，从道的视角看待天地万物，特别是人世间的起起伏伏，明白人生得失乃至生死的微不足道，自可跳出功名利禄的藩篱，修一颗出世之心，超然处世，自觉地做到后其身、外其身。

> **天长地久。天地之所以能长且久者，以其不自生，故能长生。**

天地是长久存在的。天地之所以能长久存在，是因为天地不为自己而生，所以反而能够长生。

与人类相比，天地的长久存在是毫无争议的事实。天地为什么能长久呢？是因为天地既没有追求自己生存或者私利的意识，也没有追求自己生存或私利的行为，而是顺其自然，为所当为，专注于履行天覆地载的职责，反而自然获得了长生的结果。

> **是以圣人后其身而身先，外其身而身存。以其无私，故能成其私。**

与天长地久是同样的道理，圣人把自身置于众人之后，谦退处下，反而能得到众人的拥戴而处先；把自身置之度外，反而能保存自己。正因为圣人无私，所以反而能成就圣人之私。

实事求是地讲，每个人都有自己的个人利益，即使不追求名利，也需要维持个体生命的延续，这可以视为最低限度的个人利益。但是，如果一个人眼里只有个人私利，一切行为都以个人私利为出发点，就很难根据实际情况，做出客观、公正的判断和决策，结果很难把事情做好，而且，这种自私自利的行为也必然会招致众人的反对，如此一来，个人利益反而不能实现。

圣人效法天地，"后其身""外其身"，无须争抢，反而自然获得"身先""身存"的结果。"后其身"有两层含义：其一，以谦下的态度对待众人，因此"处前而民不害"；其二，把个人利益置于众人之后，"处众人之所恶"，处处以集体利益、他人利益为先。正因为圣人能"后其身"，反而会得到众人的诚心拥戴，无须争抢就自然成为众人的领袖。

"外其身"的意思是把自己的利益乃至生死都置之度外，这样就能超然物外，不受个人欲望、成见、感情、愿望，甚至是情绪的影响，客观地做出正确的判断和决策，并且义无反顾地去执行，事情就可以顺利完成，集体和众人的利益就可以得到实现，而圣人作为集体的一份子，其个人利益自然也能随之得以实现。更进一步，通过"外其身"，圣人的能力和品行将逐渐获得众人的认可，并进而在众人的拥戴下成为"器长"，也就是众人的领袖。

因此，圣人主观上的无私，客观上反而能成就其私。

以经营企业为例。一般而言，经营企业的目的在于获取利润，但是，如果经营者只盯着利润，一切以利润为导向，往往会导致急功近利的短视行为，甚至饮鸩止渴，结果不仅不能实现盈利目标，反而可能导致企业经营陷入困境。相反，如果经营者能以"后其身""外其身"的理念经营企业，把收入、盈利等目标置之度外，专注于企业的本性和使命，全力为客户和社会创造最大的价值，利润自然随之而来，企业也能长久地繁荣昌盛。

第八章　上善若水

波说：

　　本章以水为喻，形象地说明了人所应具备的善德。水最明显的特征有两点：其一，利万物；其二，不争。具体而言，我们可以从居、心、与、言、政、事、动七个方面来体悟、效法水德。

　　为人处世，当效法水德，与人为善；做事当因物之性、灵活变通，顺时而动，顺势而为，做到为而不争。

上善若水。水善利万物而不争，处众人之所恶，故几于道。

最大的善就是像水那样的品性和行为。水善于做出对万物有利的行为，却不会与万物冲突、争夺，总是处于大家都不愿意停留的地方，因此最接近于大道。

利万物和不争两大德行，缺一不可，不可偏废。水的最大特点是顺势而无滞，随万物之形而随时改变自己的形状，顺环境之势而流向万物都不愿意停留的地方，不会与万物起冲突，更不会与万物争夺，因此最接近于大道。

把水德应用到人类社会，就是要与人为善，并且基于人性和人类社会的普遍运行规则，根据不同情况因势利导，顺势而为，而不能以行善之名，与人争夺、冲突。

始终做到与人为善，已经很不容易了。始终做到与人为善并且不与人冲突，更是难上加难。有一句流行的话，"有一种冷叫妈妈觉得你冷"，从一个侧面反映了父母教育孩子的误区。很多父母在潜意识中有一种错误的认知，以为孩子还小，缺乏分辨能力，只有自己的想法才会真的对孩子好，因此遇事往往忽视孩子的想法，粗暴干涉孩子的选择，与孩子产生激烈的冲突，结果不仅不能教育好孩子，反而还可能造成孩子的逆反心理。父母对此既生气又委屈，因为父母认为，我都是为了你好，为什么你就不能听话呢？其实原因很清楚，父母没能像水那样，利万物而不争，虽然出发点是好的，但没能照顾到孩子的天性，没能根据孩子的天性顺势引导，结果自然事倍功半，甚至是事与愿违。

> 居善地，心善渊，与善仁，言善信，政善治，事善能，动善时。夫唯不争，故无尤。

安处大家都不愿意停留的地方，善于保持深邃宁静的心境，与人交往时仁爱友善，讲话诚实守信，做领导时善于治理，做事时善于发挥自己的特长，采取行动时善于把握时机。正因为不争，因此不会受到非议和责难。

效法水德，可以从七个方面入手：甘处众人都不愿意占据的位置，因而不会引起争夺；就个人修养而言，心境要像深渊一样地深邃宁静，包容一切，波澜不兴；与人交往时，要保持仁爱友善，如水之善利万物；说话要如潮汐般有信用，言出必行；担任领导时，要使所领导的国家或单位得到良好的治理；做事情时，要善于发挥自己的特长；采取行动时，要善于选择合适的时机。

做好这七个方面，自然的结果就是：不争。正因为能像水那样因物之性、顺势而为，不会引起冲突和争夺，所以就不会招致对抗，也就不会受到非议和责难。

第九章　功遂身退

原文：

> 持而盈之，不如其已；揣而锐之，不可长保。
>
> 金玉满堂，莫之能守；富贵而骄，自遗其咎。功遂身退，天之道也。

波说：

日中则昃，月满则亏，盛极则衰，这是亘古不变的常道。正所谓大成若缺、大盈若冲，凡事不可追求盈满，要懂得适时收手，有意留些余地甚至是缺憾，这样才不会因盈满而导致倾覆，方可保持长久。

功成名就之际，正该预留退步之时。否则稍有不慎，就可能由翱翔在天的飞龙，变成有悔的亢龙。

持而盈之，不如其已。

执着于追求盈满，不如适时收手。

《易经》乾卦的六爻之中，以第五爻为尊，而以盈满之第六爻为亢，也正是这种文化的体现。

以经营企业为例。在与其他企业合作过程中，即使我方处于优势地位，也要懂得与合作伙伴适当分享利益，让合作伙伴获取合理的利润，这样合作伙伴才能维持正常经营，也愿意与我方长期合作；在我方万一遇到困难的时候，也能得到合作伙伴的理解和支持。因此，共赢才是长久合作之道。

揣而锐之，不可长保。

如果把器物锤锻得尖锐无比，那么这个器物就可能很快被折断而不能长久地保持完整。

人也是这样，一个观点尖锐、态度偏激、攻击性强的人，迟早会遭受重大挫折。因此老子教育我们，要"方而不割，廉而不刿，直而不肆，光而不耀"，做温润如玉的君子，才是长久的处世之道。

金玉满堂，莫之能守。

金玉满堂，富贵已极，没有人能守护不失。

大家都知道一句话，叫"富不过三代"。现在的富贵，到头来不免是黄粱一梦。"陋室空堂，当年笏满床；衰草枯杨，曾为歌舞场。蛛丝儿结满雕梁，绿纱今又糊在蓬窗上。"

富贵而骄，自遗其咎。

身处富贵而不知谦下守柔，反而骄奢淫逸，这是自己主动授人以柄，给别人提供非难、攻击自己的武器，最终很可能给自己招致灾祸。

因此，越是身处高位，越应该谦退处下，俭啬自守。

功遂身退，天之道也。

功遂身退，才是合乎天道的做法。

汉高祖刘邦称帝之后，为了子孙江山稳固，大肆屠杀功臣，曾经为建立汉王朝立下汗马功劳的韩信、彭越、英布等人，都难逃一死，而"运筹帷幄之中，决胜千里之外"的张良，却明智地选择功遂身退，从赤松子游，得以免祸而善终。这是"功遂身退"一个很好的例证。

第十章　抱一致柔

原文：

　　载营魄抱一，能无离乎？专气致柔，能如婴儿乎？涤除玄鉴，能无疵乎？爱民治国，能无为乎？天门开阖，能为雌乎？明白四达，能无知乎？（生之畜之，生而不有，为而不恃，长而不宰，是谓"玄德"。）

波说：

本章以反问的语气，提出了养生、养性、修身、治国的几大原则。

载营魄抱一，能无离乎？

使精神意识和感官感觉始终持守自己的本真，能不分离吗？

营魄是魂魄的意思。古人认为，魂和魄是附着于人体的神灵，魂是附气之神，负责精神活动和思想意识，是人的精神主宰；魄是附形之灵，负责肉体和感官的功能和运行，是人体生理机能的主宰。

"抱一"的"一"，指的是"道生一"的"一"，就是道赋予人的本性和本能，是人的本真。"载营魄抱一，能无离乎？"意思是收敛自己的精神和感觉，通过内观而明了自己的本性和本能，然后通过内敛而持守自己的本性和本能，保持自己的本真，不受外界因素的干扰，摆脱欲望、名利的桎梏，从而达到精神内守、形神合一的状态。这种状态符合后面所讲的"治人事天，莫若啬"的俭啬状态，是养生和养性兼顾的重要功夫。

专气致柔，能如婴儿乎？

聚炼精气，使之归于安静柔顺，能达到像婴儿一样的状态吗？

"专气致柔"之气，不仅指人所呼吸的天地之气，还指"心使气曰强"的志意之气。通过俭啬内守、排除杂念、调节呼吸、聚精炼气，最终达到婴儿般无思无虑、不造不作、纯任自然的状态，不任性使气，呼吸自然顺畅、柔和绵长，心境也能淡泊宁静、宽厚包容。

涤除玄鉴，能无疵乎？

洗涤玄妙的心灵之镜，能使之没有瑕疵吗？

心灵是人类认识世界的窗口，幽深而又玄妙，如镜子般映照万物，所以称为玄鉴（玄妙的镜子）。对于心灵，要像经常洗涤、擦拭玄鉴一样，通过修行，去除瑕疵，使之时刻保持光洁无瑕。什么是心灵的瑕疵呢？第一种瑕疵是欲望和成见，第二种瑕疵是粗糙而不敏感。洗涤心灵就是要消除这两种瑕疵，使心灵如光洁的镜子，忠实客观地观照万事万物，认识万事万物。

《大学》中道："人之其所亲爱而辟焉，之其所贱恶而辟焉，之其所畏敬而辟焉，之其所哀矜而辟焉，之其所傲惰而辟焉。"对于自己所亲近喜欢、鄙视厌恶、畏服敬仰、同情怜悯或者傲视怠慢之人，人们往往受自己感情、情绪或者成见的影响，不能给予客观的评价和公正的对待。因此，我们应该努力"致虚极"，使自己的心灵成为一尘不染的玄鉴，使自己的认识、判断和决策不受任何感情、情绪、欲望或成见的影响。

爱民治国，能无为乎？

爱民治国，能遵循无为之道吗？

天门开阖，能为雌乎？

各种感官的开合活动，能持柔守静吗？

天门是天赋之门，代表人的眼耳鼻舌身等感觉器官，是人体与外界联系的通路。天门开则能感知外界，天门合则魄灵内守。雌性的特点是安静柔弱、被动响应而不主动追逐。为雌就是要安守柔静，俭啬内守，被动、客观地观照万物，而不主动追寻万物，不主动追求五色、五音、五味等感官之欲的满足，不受外界的诱惑。

明白四达，能无知乎？

达到极致明白、通晓一切的境界，能自以为无知吗？

既要体悟大道、洞察一切，还须"知不知"，始终保持开放的心态，谦逊而不自满，方能由"病病"而达到"不病"。

注：

"生之畜之，生而不有，为而不恃，长而不宰，是谓'玄德'。"疑为第五十一章错简，与本章文义不合，故这里删去。

第十一章 有无并重

原文：

　　三十辐共一毂，当其无，有车之用。埏埴以为器，当其无，有器之用。凿户牖以为室，当其无，有室之用。故有之以为利，无之以为用。

波说：

　　"有"是构成万物的物质基础，没有物质的"有"，就不能构成天地万物之形；"无"是万物实现其功用的必要条件，没有虚空的"无"，天地万物就无从实现其功用。任何事物的功用，都是有和无共同作用的结果，二者缺一不可、不可偏废。

　　我们认识事物，也当把握其有和无的两个方面，尤其是二者的配合之道。

三十辐共一毂，当其无，有车之用。

三十根辐条连接在同一个轮毂上，辐条之有与轮毂中空之无配合得当，才能组合成一辆车，实现车的运载功用。

埏埴以为器，当其无，有器之用。

和泥制成陶器，陶制器壁之有与中空之无配合得当，才能实现陶器盛物的功用。

凿户牖以为室，当其无，有室之用。

建造房屋，在墙壁上开凿门窗，屋顶墙壁之有与室内空间及门窗之无配合得当，才能实现房屋住人储物的功用。

故有之以为利，无之以为用。

因此，"有"可以构成器物之形；与虚空之无配合，才能实现器物的功用。

第十二章　节欲益身

原文：

　　五色令人目盲，五音令人耳聋，五味令人口爽，驰骋畋猎令人心发狂，难得之货令人行妨。

　　是以圣人为腹不为目。故去彼取此。

波说：

　　五色、五音、五味、驰骋田猎和难得之货，代表各种刺激感官、满足物欲的外界诱惑。如果沉溺于这些诱惑，而不是"载营魄抱一"，那么人的感觉、知觉、心灵和品行都会受到伤害。

　　修身之道在于俭啬内守，超然物外，在物质方面，以满足自己最基本的核心需求为限，从而摒弃对外界诱惑的无尽追逐，摆脱物欲的控制，保持自己淡泊宁静的内心、灵敏的感觉和高洁的品行，实现自己的精神自由。

　　"为腹不为目"帮助我们跳出欲望和名利的桎梏，以"味无味"的态度生活，获得从无味中细品出滋味的能力，从而能在做事情时"为之于未有，治之于未乱"。

五色令人目盲，五音令人耳聋，五味令人口爽，驰骋畋猎令人心发狂，难得之货令人行妨。

缤纷的色彩会使人眼花缭乱，喧嚣的声音会使人耳聋，厚腻的味道会败坏人的味觉，驰骋游猎会使人心躁动狂野，稀有难得的财货会败坏人的德行。

是以圣人为腹不为目。故去彼取此。

因此圣人只求温饱，而不过分追求物欲的满足。人们也应当效法圣人，摒弃过分的物欲追求，但求温饱。

为腹代表寻求基本需求的满足，如食色之性。为腹仅仅是为了保证人的基本生存和淳朴生活，其要求是有限的，是容易得到满足的，因此为腹的圣人能够保持心灵的淡泊安静，正所谓"塞其兑，闭其门，终身不勤"。

为目代表对外界物质诱惑的追逐，而外界诱惑是无止境的，一旦开启了放纵之门，就会陷入无休止的追逐，永远不得满足，永远不得安宁，最终可能使自己陷入困境甚至是危险之中。这就是老子在第五十二章所说的，"开其兑，济其事，终身不救"。

第十三章　无我成我

原文：

宠辱若惊，贵大患若身。

何谓宠辱若惊？宠为上，辱为下；得之若惊，失之若惊，是谓宠辱若惊。

何谓贵大患若身？吾所以有大患者，为吾有身；及吾无身，吾有何患？

故贵以身为天下，若可寄天下；爱以身为天下，若可托天下。

波说：

无我方能成就大我。

宠辱若惊、患得患失的根本原因在于过分看重自身利益，其结果就是，一叶障目，只能看到眼前的苟且，沉溺于蝇营狗苟，而不能放眼诗与远方，最终限制了自己的发展空间。

只有修得出世之心，方能自觉地后其身、外其身，从而做到宠辱不惊，本着公心去为所当为，成就一番事业。

> **宠辱若惊，贵大患若身。何谓宠辱若惊？宠为上，辱为下；得之若惊，失之若惊，是谓宠辱若惊。**

得宠或受辱就像受到惊吓一样紧张不安，担心祸患就如同祸患是自己的身体一样。什么叫作宠辱若惊？人们认为得宠是好事，受辱是坏事，得到宠辱感到惊恐，失去宠辱也感到惊恐，这就叫宠辱若惊。

受辱固然不好，受宠也未必是好事。宠信是一个上对下的概念，受宠并非一件值得夸耀的事。一个人如果被个人得失所左右，没有独立的精神，在思想上把自己置于卑下的位置，就会自然而然地在意外界特别是处上位者对自己的评价和态度，期望得到处上位者的宠信，也才会在意自己是否得到宠信，结果进一步失去自我，所以说"宠为上，辱为下；得之若惊，失之若惊"。相反，如果一个人把个人得失置之度外，他就能自立、自信、自爱、自强，就能达到庄子所说的"举世而誉之而不加劝，举世而非之而不加沮"的境界，即使全世界的人都称赞他，他也不会洋洋得意；即使全世界的人都非难他，他也不会觉得沮丧。对于达到这种境界的人而言，无所谓宠辱，他的精神是自由的。

> **何谓贵大患若身？吾所以有大患者，为吾有身；及吾无身，吾有何患？**

什么叫作贵大患若身？我之所以会担心遭受祸患，是因为我在意自己的生命和私利，在意生命和私利就会担心可能遭受的祸患；如果忘我而不计私利，甚至把生命置之度外，我还会有什么祸患？

祸患也是依附于个人生命和私利的概念，如果把自己的生命和私利置之度外，也就无所谓祸患，就可达到庄子所说的境界，"物莫之伤，大浸稽天而不溺，大旱金石流、土山焦而不热"。也就是说，如果人能够做到"外其身"，就没有任何东西能够伤害他，即使洪水滔天，他也不会担心被淹死；即使出现严重干旱，金属和石头都被烤化了，泥土堆成的山也被烤焦了，他也不会觉得热。一个人能真正做到外其身，就不会受外物或环境的影响，就能始终保持清醒的头脑，冷静、客观地分析局势，公正地对待万事万物，从而做出正确的判断和决策，为所当为。

> **故贵以身为天下，若可寄天下；爱以身为天下，若可托天下。**

因此，只有强调奋不顾身治理天下的人，才可以把天下托付给他；只有惯于为天下牺牲自身的人，才可以把天下委托给他。

只有不计个人得失、为天下奋不顾身的人，才能受到天下人的拥戴而成为天下之主，最终"后其身而身先，外其身而身存"。

第十四章 无状之状

原文:

视之不见，名曰"夷"；听之不闻，名曰"希"；搏之不得，名曰"微"。此三者不可致诘，故混而为一。其上不皦，其下不昧，绳绳兮不可名，复归于无物。是谓无状之状，无物之象，是谓"惚恍"。迎之不见其首，随之不见其后。

执古之道，以御今之有，能知古始，是谓道纪。

波说:

本章进一步说明"道可道，非常道"的道理，因为道是看不见、听不到、摸不着的，是人类感官所不能准确感知的，处于一种若明若暗的混沌状态。但是，道是真实存在的，有自己的"状"和"象"，而且"其中有精""其中有信"，只是人类感官不能感觉到道的形状甚至是意象，因此对于人类而言，道是一种混沌不清、游移不定的"惚恍"状态，道的"状"和"象"只能称之为"无状之状""无物之象"。

道是无始无终的，具有永恒的特性。依据永恒的道，就能了解天地万物运行的规律，就能"不出户，知天下；不阙牖，见天道"，就能驾驭当前的具体事物和现象，也能推知天地万物的由来，这就是遵道、行道的纲领。

视之不见，名曰"夷"；听之不闻，名曰"希"；搏之不得，名曰"微"。此三者不可致诘，故混而为一。

看也看不见，这就叫作"夷"；听也听不到，这就叫作"希"；摸也摸不着，这就叫作"微"。视觉、听觉、触觉等感官都无法明确感受到道的存在，因为道本来就是混沌一体的。

其上不皦，其下不昧，绳绳兮不可名，复归于无物。是谓无状之状，无物之象，是谓"惚恍"。

道既不清晰明亮，又不是漆黑一团，而是介于两者之间，绵延不绝，不可名状，最终还原为没有物态的状态，这就叫作人类无法准确感知其情状的状，也无法准确感知其物象的象，这就叫作惚恍。

迎之不见其首，随之不见其后。执古之道，以御今之有，能知古始，是谓道纪。

迎着它，却看不到它的开端；尾随它，也看不到它的结束。把握古已有之道，就可以驾驭当前的万事万物，就能了解天地万物的由来，这就叫作道的纲纪。

第十五章　无执常新

原文：

古之善为道者，微妙玄通，深不可识。夫唯不可识，故强为之容：豫兮，若冬涉川；犹兮，若畏四邻；俨兮，其若客；涣兮，其若凌释；敦兮，其若朴；旷兮，其若谷；混兮，其若浊；（澹兮，其若海；飂兮，若无止。）

孰能浊以静之徐清？孰能安以动之徐生？保此道者，不欲盈。夫唯不盈，故能蔽而新成。

波说：

遵道而行的基本原则是灵活变通、因物之性、顺势而为。因此遵道之人，在不同环境之中、不同情势之下，具有不同的外在表现，有时看起来犹豫警惕，有时看起来庄重肃敬，有时看起来自在随意……不胜枚举。

遵道而行的另一个原则是不偏执、不走极端，或者说不求盈满。动极则导之趋静，静极则导之趋动，使之保持活力，历久弥新。

> 古之善为道者，微妙玄通，深不可识。夫唯不可识，故强为之容：豫兮，若冬涉川；犹兮，若畏四邻；俨兮，其若客；涣兮，其若凌释；敦兮，其若朴；旷兮，其若谷；混兮，其若浊；澹兮，其若海；飂兮，若无止。

古代善于行道的人，精微玄妙，通达无滞，深邃而不可捉摸。正因为不可捉摸，所以只能勉强形容他在不同情势下的不同形象：犹豫踌躇啊，像冬天要涉水过河；犹疑警惕啊，像提防四周邻国侵犯；庄重肃敬啊，像出席正式场合的宾客；自在随意啊，像河中消融的冰凌；敦厚朴实啊，像未经雕琢的原木；冲虚空旷啊，像山中的幽谷；混沌恍惚啊，像浑浊的水流；淡泊恬静啊，像浩渺的大海；飘扬放逸啊，像永无止境。

善于行道之人，行事方式完全是因物之性、顺势而为、无拘无滞、变化多端，如神龙见首不见尾，不可捉摸，因而在不同情势下，其外在表现也完全不同。

孔子曾向弟子们形容老子的境界："鸟，吾知其能飞；鱼，吾知其能游；兽，吾知其能走。走者可以为罔，游者可以为纶，飞者可以为矰，至于龙，吾不能知其乘风云而上天。吾今日见老子，其犹龙邪！"飞鸟、游鱼、走兽，其行为都有形有迹，因而可以用网、钓钩、箭来捕猎，而龙却无形无迹、变化多端，难以捉摸，更无以为制。

孰能浊以静之徐清？孰能安以动之徐生？保此道者，不欲盈。夫唯不盈，故能蔽而新成。

谁能让浑浊之水静止下来，徐徐澄清？谁能让事物从静止状态运动起来，徐徐成长？遵循大道的人不追求盈满，正因为不追求盈满，所以才能不断地自我更新，永葆活力。

虽然老子提出了"孰能浊以静之徐清？孰能安以动之徐生"的疑问，但他的真实用意可能是要告诉人们，只有善为道者才能"浊以静之""安以动之"。善为道者之所以"深不可识"，表现千变万化，是因为他会根据不同情势而变化，使"浊"者"徐清"、"安"者"徐生"。

什么是"浊"者？浊者比喻那些醉心于声色犬马、功名利禄的人，以及由于物欲横流而导致的纷纷扰扰的社会状态。一味追逐功名利禄的人，他们的精神、心态和行为始终处于浮躁的状态；而一个物欲横流的社会，也必然充满了巧诈伪饰和尔虞我诈，始终处于动荡不安的状态；因此老子用浑浊的污水来形象地比喻这种人和这种社会状态。面对"浊"者，善为道者通过自己的"不尚贤""不贵难得之货""不见可欲"，并对百姓的欲望"镇之以无名之朴"，使"浊"者安静下来，慢慢回归自己的本性，返璞归真。需要注意的是，这里老子用了"徐清"这个词，强调要因势利导，不可急于求成。

　　什么是"安"者？这里的"安"是与"浊"相对的概念，"浊"者躁动过度而易于至狂，"安"者静止过度而趋向寂灭。道生天地万物，天地万物各有其本性和使命，如果天地万物处于寂灭状态，躺平不动，就不能完成道赋予的使命，天地万物也就不再存在了。因此，对于"安"者，善为道者也要使之动起来，依据自己的本性，去完成自己的使命。同样，这里老子用了"徐生"这个词，也是强调要因势利导，不可"攘臂而扔之"，生拉硬拽地强迫别人按照自己的意志行事。

　　"浊以静之""安以动之"的实质是"不欲盈"，强调凡事不可偏执、不可走极端，既不可走向躁动的极端，也不可走向寂灭的极端，而应保持一种充满生机的状态。正所谓大成若缺，不求盈满实际是保持一种有所欠缺的状态，一种生生不息的状态。与此相反，盈满就会不可避免地走向衰落，因此应当避免盈满。

注：

　　"澹兮，其若海；飂兮，若无止。"原文在第二十章，疑为错简，根据文义移至此处。

第十六章　归根复命

原文：

致虚极，守静笃。万物并作，吾以观复。

夫物芸芸，各归其根。归根曰"静"，静曰"复命"，复命曰"常"，知常曰"明"，不知"常"，妄作凶。

知"常"容，容乃公，公乃全，全乃天，天乃道，道乃久，没身不殆。

波说：

本章是老子对第一章中"故常有，欲以观其徼"的具体解释：通过对有形有质之物的观察研究，也就是儒家所说的格物致知，透过万事万物的现象，认识其发生、发展的规律；在此基础上，自觉遵循客观规律，就能无往不利。

万事万物看似纷纷扰扰、繁杂无序，实则都有其内部规律：都是依据各自的本性和本能，完成其天赋使命，最终回归虚无。

因此，天下万物虽然千变万化、形态迥异，但他们都来自无，并且在完成各自的天赋使命后，最终回归于无。这就是庄子所说的，天地与我并生，而万物与我为一。明白了这个道理，就能自觉地包容天地万物，客观公正地对待天地万物。

每个人的一生，都是大道无穷循环过程中的一个微小环节，在完成大道赋予的使命后，最终也会回归大道之无。因此，对于人生，我们应该把握两点：首先，从大道的视角来看，每个个体，都只是大道循环过程中一个小到可以忽略的微小环节，从这个角度讲，功名利禄、人生的起起伏伏乃至个人的生命，都是微不足道的，无论得失，无论人生境遇如何，都应当处之超然；其次，尽管每个个体都是微不足道的，但我们也不应妄自菲薄，因为天生我材必有用，每个人都承担着大道赋予的天赋使命，人类就是由一个个微不足道的个体组成的，只有绝大多数个体都完成了自己的天赋使命，人类社会才能繁衍生息、绵绵不绝。

致虚极，守静笃。万物并作，吾以观复。

达到极致的空虚状态，持守彻底的宁静。万物纷纷兴起，我冷静、客观地观察它们循环往复的运动过程。

认识万物及其发生发展规律的途径，首先是"致虚极，守静笃"，然后再"观复"；前者的目的是涤除玄鉴，做好观察、研究万物的准备，后者则是观察、研究万物的行动。

虚者无欲，静者无为。"人莫知其子之恶，莫知其苗之硕"，欲望、感情、情绪、成见等等，都会妨碍人的认知能力，"致虚极"，就是使自己的内心达到极端空虚的状态，空无一物，彻底消除一切欲望、愿望、成见、情绪等等，成为"无疵"的"玄鉴"；"守静笃"，则是俭啬内守，达到彻底的无为，不对认识对象进行一丝一毫的干预或干扰。做好"虚极""静笃"的准备之后，就能全面、客观地观照万物，予以研究，从而认识万物及其发生、发展的规律。

夫物芸芸，各归其根。归根曰"静"，静曰"复命"，复命曰"常"，知常曰"明"，不知"常"，妄作凶。

万物繁杂众多、纷纷攘攘，貌似杂乱无章，其实最终都会回归各自的根本，归根就能安宁平静，安宁平静就能回归性命之本，这就叫作复命，复命就是常道，了解常道就叫作明。不懂得常道，行事违背大道，就会遭遇凶险。

老子观察、总结出的规律是，万物看似纷乱繁杂，但最终都会"归根"。归根可以从两个方面来理解：第一，万物都拥有大道赋予的天性和本能，可称为其根本之性或者天赋本性，万物虽然形态千差万别，但却万变不离其宗，都依据其天赋本性和本能而发生、发展，这是归根的第一层含义；第二，万物之有，都来自大道之无，无就是万物的根，万物无论如何变化，最终都会回归于无，这是归根的第二层含义。万物归根，就像人回到温馨的家里一样，安宁而平静，所以说归根就能静。

道生万物，赋予了万物各自的使命（我们可以称之为天赋使命），万物依据其天赋本性和本能发生、发展，就是完成天赋使命的过程，因此复命的第一层含义，就是回归初心、履行自己的天赋使命；复命的第二层含义，就是万物最终回归于无，是完成使命后的回复。古代大臣从君主那里接受使命，完成后要向君主汇报使命的完成情况，称为复命。万物归根，如同万物完成道赋予的使命后向道复命，所以说"归根曰复命"。

万物归根复命是恒常之道，认识把握这种恒常之道，才是明白大道的大智慧。如果不明白大道，就不可能遵道而行，行事就可能逆万物之性，就会遭遇困难甚至是凶险。

> 知"常"容，容乃公，公乃全，全乃天，天乃道，道乃久，没身不殆。

把握常道就能包容，能包容就能客观公正，能够客观公正就能够周全，能够周全就能符合天道，符合天道就能符合大道，符合大道就能长久，终生不会有危险。

了解恒常之道，就知道万物发生、发展的逻辑和规律，就能理解、包容万物与自己的不同，就能客观公正而不带偏见地对待万物，客观公正地对待万物就能行事周全而不偏执一隅，就能符合天道，进而符合大道，这样才能长治久安。

第十七章　太上贵言

原文：

太上，不知有之；其次，亲而誉之；其次，畏之；其次，侮之。信不足焉，有不信焉。

悠兮其贵言，功成事遂，百姓皆谓："我自然。"

波说：

本章传递了老子关于治国的两个重要理念：第一，"治大国若烹小鲜"，要尽量减少对百姓的干预和干扰，尽量减少有为，以成为"不知有之"的"太上"为治国的最高目标；第二，无为而治仅仅是治国的理想目标，在现实社会中难以实现，因此即使是最好的"太上"，也只是"贵言"，而不能做到无言。

领导者应尽可能避免对人对事的干预和干扰，放手让被领导者履行各自的职责。领导者需要做的，是察知偏差或者是可能出现偏差的苗头，及时采取纠正措施，也就是为所不得不为。

> 太上，不知有之；其次，亲而誉之；其次，畏之；其次，侮之。

最好的君主，百姓甚至不知道他的存在；次一等的君主，百姓亲近、赞美他；再次一等的君主，百姓害怕他；更次一等的君主，百姓侮辱他。

根据其是否有为及为的方式和性质，老子将统治者分为四个层次：太上的标准是，百姓甚至不知道君主的存在，当然也感觉不到君主对他们的生活有任何干扰。其他三个层次的君主，无论百姓对他的态度是"亲而誉之"、"畏之"还是"侮之"，都是对百姓生活有干扰的君主，因此都比不上"太上"。

> 信不足焉，有不信焉。悠兮其贵言，功成事遂，百姓皆谓："我自然。"

可能统治者的诚信度不够，也可能百姓不信任他。最好的君主悠闲啊，从不轻易发号施令，功业成就了，事情办好了，百姓却都说："我们自己本来就是这样的。"

贵言所说的言，代表君主制订的规范和制度、发布的命令、采取的措施等治国措施，而"贵言"就是要尽量减少这些制度、命令、措施，避免对百姓生活的干预和干扰。

第十八章　道废伪出

原文：

　　大道废，有仁义；智慧出，有大伪；六亲不和，有孝慈；国家昏乱，有忠臣。

波说：

　　圣智之术、仁义之学之所以会出现，是因为社会的运行偏离了大道，统治者也不能遵循大道。在此情况下，统治者为了维护自己的统治和社会秩序，不得不祭出仁义、孝慈、忠诚等文饰的大旗。但是，这些文饰之学，只能治标而不能治本，甚至可能是负薪救火，使社会更加动荡，增加了治理的难度。

　　在我们的日常工作和生活中，也应当摒弃各种形式主义，因为形式主义以文害质，给巧诈伪饰之人提供了投机取巧的机会，却使实心干事之人被埋没而得不到肯定和重用。

大道废，有仁义

大道被抛弃了，才会出现仁义之学。

在大道被抛弃的情况下，为了规范人类的行为，维持基本的社会秩序，统治者就走上了依靠圣智治国的歧路，提出仁义之学，制订以仁义为核心的道德规范，通过国家政权强制人们遵守。但是，老子认为，这种仁义之学是一种文饰，只能治标而不能治本，徒然增加了对社会的扰乱，给奸猾狡诈之徒提供了利用伪诈之行博取名利的机会，犹如负薪救火，不仅不能解决社会问题，反而会使社会问题更加恶化。

有鉴于此，老子反对仁义之学，而提出了自己的一套治本方案，即：采取一系列措施，使百姓"见素抱朴，少私寡欲，绝学无忧"，恢复敦厚淳朴的天性，从而使社会运行回归自然质朴的大道。

智慧出，有大伪

圣智之术流行，才会出现严重的伪诈之行。

圣智之术与仁义之学一脉相承，统治者依靠智谋权术治理国家，上行下效，百姓也会以巧诈伪饰应对，结果社会更加纷扰动乱。

六亲不和，有孝慈

六亲不和睦，才会出现孝慈之学。

如果偏离大道，人人都追名逐利，必然亲情越来越淡漠，甚至亲人之间还可能因利益之争而反目成仇。推崇以圣智之术、仁义之学治国的统治者，不得不求助于孝慈之类的道德规范，试图以此来约束人们的行为，结果却适得其反，因为与仁义之学一样，孝慈这类的道德规范也是一种外在的文饰，巧诈之人可以通过虚假的孝慈行为博取名利，结果使人们进一步远离大道。

国家昏乱，有忠臣

国家昏乱，才会出现忠臣。

如果统治者遵道而行，上下各安其位、各司其职、各尽其责，就无所谓忠臣佞臣。只有在国家昏乱之际，统治者才需要祭出忠贞的旗号，以约束臣下，稳定自己的地位。

第十九章　见素抱朴

原文：

绝圣弃智，民利百倍；绝仁弃义，民复孝慈；绝巧弃利，盗贼无有。此三者，以为文，不足，故令有所属：见素抱朴，少私寡欲，绝学无忧。

波说：

治国当重质轻文，圣智、仁义和巧利都是外在的文饰，有百害而无一利，不足以治理天下。根本的解决办法是回归大道，使百姓"见素抱朴，少私寡欲，绝学无忧"。

在《老子》五千言中，老子从治本的角度，提出了系统的治国方略，其要点是：首先，遵循无为之道，把各项法令、制度、规范等减少至最低限度，尽可能避免对百姓生活的干扰；其次，统治者要俭啬内敛、淡泊宁静，减少对物欲的追逐，从而减轻百姓的负担，保证百姓的基本生活条件；再次，统治者应以身作则，用自己的实际行动来引导社会风气；最后，统治者对百姓的欲望"镇之以无名之朴"，使百姓"见素抱朴，少私寡欲，绝学无忧"，并且使"智者不敢为"，使百姓"甘其食，美其服，安其居，乐其俗"，最终实现无为而治的理想。

> 绝圣弃智，民利百倍；绝仁弃义，民复孝慈；绝巧弃利，盗贼无有。

摒弃以圣智之术治理国家的理念和方式，百姓可以得到百倍的利益；摒弃仁义之学，百姓自然恢复孝慈的本性；摒弃对精巧物事和财货利益的追求，自然就不会有盗贼。

> 此三者以为文，不足，故令有所属：见素抱朴，少私寡欲，绝学无忧。

圣智、仁义和巧利都是脱离大道和人类天性的文饰，依靠这三者是不足以治理天下、教化社会的，因此应该让百姓回归大道：恢复并持守淳朴的本性，减少私心和欲望，杜绝文饰之学和思虑之心。

"见素抱朴，少私寡欲"的含义清楚明白，这里重点探讨"绝学无忧"的含义。所谓"绝学"，不是要杜绝一切学问，而是指作为文饰的圣智之学、仁义之学，对于为了"知其雄""知其白"而必须学习的学问，老子并没有提出反对。这里所说的"无忧"，应该是抛弃思虑之心。据《玉篇》解释，忧字的本义是心动，而在古人观念中，心主思，心动即为思虑。从句式结构分析，最后三句话中，都是两两并列，即：见素与抱朴并列，少私与寡欲并列，绝学与无忧并列，而且并列的两者在意思上是对等的。由此可以合理推测，绝学无忧的本来含义是，杜绝文饰之学和思虑之心。

第二十章　超然守道

原文：

　　唯之与阿，相去几何？美之与恶，相去若何？人之所畏，不可不畏。荒兮，其未央哉！

　　众人熙熙，如享太牢，如春登台；我独泊兮，其未兆。

　　沌沌兮，如婴儿之未孩；傫傫兮，若无所归。

　　众人皆有余，而我独若遗，我愚人之心也哉！

　　俗人昭昭，我独昏昏；俗人察察，我独闷闷。（澹兮，其若海；飂兮，若无止。）

　　众人皆有以，而我独顽且鄙。

　　我独异于人，而贵食母。

波说：

　　行道之人并非故意索隐行怪，他主观上并不想标新立异、与众不同，而是希望和光同尘，因为"人之所畏，不可不畏"。但是，行道之人明白，以大道的视角来看，态度的顺从与违逆、美丽与丑陋等等，其间的差别是微不足道甚至是无法分辨的，因此区分或是计较这些，是没有意义的，普通人孜孜以求的名利和感官享受也是没有价值的。追求欲望的满足，是永无止境的，因此，遵道之人只重视最根本的东西，谨守质朴敦厚的天性，遵道而行，把自己从对物欲的无尽追逐中解放出来，实现精神的独立自由。

> 唯之与阿，相去几何？美之与恶，相去若何？人之所畏，不可不畏。

顺从与违逆，能相差多少？美丽与丑陋，又能相差几何？人人都敬畏的，我也不能不敬畏。

得道之人超然物外，完全不在意别人对自己的态度，也无所谓美丑，因此没有任何把自己与众人区别开来的主观意愿。恰恰相反，对于众人敬畏、遵循的东西，如法律法规、通行的道德规范等等，得道之人也会敬畏、遵循，因此得道之人方可光而不耀、和光同尘。但是，和光同尘并不意味着随波逐流，其前提是始终坚持自己的原则，也就是遵循大道，持守自己的本真。

> 荒兮，其未央哉！众人熙熙，如享太牢，如春登台；我独泊兮，其未兆。沌沌兮，如婴儿之未孩；儽儽兮，若无所归。众人皆有余，而我独若遗，我愚人之心也哉！俗人昭昭，我独昏昏；俗人察察，我独闷闷。众人皆有以，而我独顽且鄙。

人类的欲望真是无边无际啊，简直没有尽头。众人都在纵情追逐欲望的满足，如同享用太牢盛宴，又好像在明媚的春日登上高台极目远眺，而我却独自淡泊宁静啊，对外物无动于衷。我混沌质朴的样子啊，好像还不会笑的婴儿；我貌似颓丧的样子啊，好像没有目标、无所事事。众人都有上进的志向、用不完的才智和财货，而唯独我好像不足，我的心真是愚笨啊。世人都活得光鲜亮丽，而我却过得糊涂暗昧。世人都精明通透，而我却沉闷无声。众人都有所作为，唯独我愚顽又鄙陋。

普通大众与得道之人具体有哪些区别呢？普通大众都醉心于追逐名利和物欲的满足，乐此不疲，如享受盛宴或者春日登高一般兴高采烈；得道之人却对名利及物欲的满足兴趣索然，如婴儿般混沌未开，毫无名利意识，因此他对于追名逐利，总是一副昏昏欲睡的样子，提不起精神。普通大众富有追求名利之心，拥有用不完的聪明才智和财货；而得道之人却对这些都毫不在意。普通大众总是在夸耀自己如何了不起，得道之人却好像昏聩糊涂的样子。普通大众好像活得很明白、很通透，好像知道自己的目标，也知道该如何去实现自己的目标；得道之人却沉闷不响，完全不懂得追求普通人不惜一切也要追求的名利。普通大众好像都有所作为，得道之人却看起来好像愚顽又鄙陋，因为在普通人看来，得道之人对身外之物没有追求，是没有上进心的表现；得道之人看起来昏昏闷闷，很没有见识，因此说愚顽而又鄙陋。

我独异于人，而贵食母。

唯独我与世人不同，因为我只重视最根本的大道。

注：

"澹兮，其若海；飂兮，若无止。"与本章上下文不符，疑为错简，根据文义，移至第十五章。

第二十一章　惟道是从

原文：

孔德之容，惟道是从。

道之为物，惟恍惟惚。惚兮恍兮，其中有象；恍兮惚兮，其中有物。窈兮冥兮，其中有精；其精甚真，其中有信。

自今及古，其名不去，以阅众甫。吾何以知众甫之状哉？以此。

波说：

天地万物均源于大道，大道主宰着天地万物发生、发展、消亡的全过程。因此，遵道而行就是最高的德行。

人生的最高境界，就是修得无为而无以为的上德。

孔德之容，惟道是从。

大德是什么样子的呢？大德只遵从大道。

德指天地万物的品性行为与道的相符性，与道完全一致的品行就是最大的德。第三十八章中，把人的德行分为上德和下德：无心而为却一举一动完全符合大道，就是上德；有心而为并且一举一动也符合大道，就是下德。

道之为物，惟恍惟惚。惚兮恍兮，其中有象；恍兮惚兮，其中有物。窈兮冥兮，其中有精；其精甚真，其中有信。

道这种东西，恍恍惚惚，若有似无；但惚惚恍恍之中，却又有象；恍恍惚惚之中，却又有物；虽然深远幽隐，其中却有可化生万物之精，其精十分真实，可信可验。

道是无形的、幽深的，不拘系于具体事物，因此给人的感觉是恍恍惚惚的；然而道化育、主宰天地万物的作用又是得到验证的，所以虽然惚兮恍兮，其中却有象、有物、有精。如前文所说，道所含的象、物、精等是人类无法准确感知的，因此说恍恍惚惚。

自今及古，其名不去，以阅众甫。吾何以知众甫之状哉？以此。

从远古到现在，它的名字始终存在，孕育天地万物。我如何知道天地万物是这样孕育的呢？就是根据道的上述特性。

从古至今，万物生而又死、死而又生，循环往复，道却始终存在，化生万物，这就是道的信验。

第二十二章　柔曲乃全

原文：

曲则全，枉则直，洼则盈，敝则新，少则得，多则惑。

是以圣人抱一为天下式。不自见，故明；不自是，故彰；不自伐，故有功；不自矜，故长。

夫唯不争，故天下莫能与之争。古之所谓"曲则全"者，岂虚言哉！诚全而归之。

波说：

大道以弱为用，弱则不争，不争则天下莫能与之争。曲、枉、洼、敝、少等都是弱在不同情势中的表现。

为人处世，当持守自己的本真，坚守基本的原则和底线，却不可僵化偏执，而应审时度势，灵活变通，顺势而为，方策万全。

平常行事，当谦退处下，不自见、不自是、不自伐、不自矜；局势不利时，要懂得暂时隐忍，以退为进。

曲则全，枉则直，洼则盈，敝则新，少则得，多则惑，是以圣人抱一为天下式。

柔曲反而能保全，弯曲反而能伸直，低洼反而能盈满，破旧反而能更新，少求反而能多得，贪多反而致惑乱，因此圣人谨守自己的本真，成为天下人的楷模。

曲则全所说之曲，意思是如初春嫩柳一般柔曲，屈己待人，灵活变通。曲己则能容人，能顺人之性，就能赢得众人的认可和支持，结果反而能保全自己、成全自己。

为什么枉则直呢？木强则折，在处于不利形势的时候，要懂得顺势弯曲、变通，最终才能达到直的目的。汉高祖刘邦去世后，吕后掌握了朝廷大权，打算封吕氏家族的人为王，以巩固吕氏家族的统治地位，右丞相王陵不同意，因为这样做违背了当年高祖定下的规矩。但左丞相陈平和绛侯周勃却向吕后表示支持她的意见，因为这两位知道，吕后不是普通的皇后，她与汉高祖一起打天下，历经磨难、性格刚毅而且此时权倾天下，无论臣子们同意与否，她都一定会封吕氏家族的人为王的，硬顶只会白白牺牲自己，因此决定先"曲""枉"，顺从吕后的意见，再寻找机会。此后，吕后通过明升暗降的方式，拜王陵为太傅，免去了他拥有实权的右丞相职位，陈平则升任右丞相。等到吕后去世后，陈平和周勃等人设计，迅速夺取了吕禄、吕产等人的兵权，尽数诛杀了吕氏家族，立刘邦的儿子代王刘恒为帝，恢复了刘家的天下。

洼则盈的道理很清楚，大海处下，百川汇入，方得盈满；人谦退处下，方能万众归心，成为天下之主。

敝则新讲的是祸福相依的道理。衰败为人所不欲，然而唯其衰败，人们才会产生更新的要求；唯其衰败，新事物才有发生、发展的机会。

少则得，可以从两个角度理解：在利益上，后其身而身先，少求、少取甚至不求、不取，反而能得到更多；在体道、悟道上，"少"就是要尽量减少欲望和杂念，排除外界的干扰，才能体道、悟道。

多则惑，可以理解为功名利禄方面所获之多，也可以理解为人的欲望和杂念之多，这两者都会妨碍人认识、持守自己的本性，因而使人迷惑。

面对这种种纷繁复杂的情况，老子认为我们应该向圣人学习。圣人是如何做的呢？圣人始终持守自己的本真，遵照自己的本性和本能行事，不执着于"曲"还是"全"、"枉"还是"直"、"洼"还是"盈"、"敝"还是"新"，"少"还是"多"，而是顺应自然，依据具体情况顺势而为。

这里需要注意的是，"曲"是为了"全"，"枉"是为了"直"，由"曲"致"全"、由"枉"致"直"，因此在"曲"和"枉"的时候，应该利用一切机会创造条件，使事情向"全"和"直"的方向转化。

> 不自见，故明；不自是，故彰；不自伐，故有功；不自
> 矜，故长。夫唯不争，故天下莫能与之争。

不自我表现，反而能显示其明；不自以为是，反而能彰显其是；不自我夸耀，反而能成就其功；不自高自大，反而能成众人之长。正因为不争，天下反而没有人能与其争。

自我表现、自以为是、自我夸耀、自高自大，违背了曲、枉的原则，一方面会使自己故步自封，妨碍自己做出正确的判断和决策，妨碍自己取得成功；另一方面，也会引起众人的反感，使自己成为众矢之的，增加成功的难度。不自见、不自是、不自伐、不自矜，是一种谦柔处下的态度，能够赢得众人的认可和支持；同时，这种态度又可以使自己始终保持清醒的头脑，根据实际情况做出正确的判断和决策，把事情做成，这又进一步促进了众人的敬重和拥戴。

不自见、不自是、不自伐、不自矜，就是不争的处世态度和行事方式，符合无为之道。你若不争，天下就没有人能与你争，因为即使有人想要与你争，他也无从下手。这与养生是一个道理，善于养生的人，没有死地，"兕无所投其角，虎无所用其爪，兵无所容其刃"，即使有人想伤害自己，也没有机会。

> 古之所谓"曲则全"者，岂虚言哉！诚全而归之。

古人所说的"曲则全"，难道是空话吗？大道之理确实全包含在这句话里了。

第二十三章　抉择在己

原文：

　　希言自然。故飘风不终朝，骤雨不终日。孰为此者？天地。天地尚不能久，而况人乎？

　　故从事于道者，同于道；德者，同于德；失者，同于失。同于道者，道亦乐得之；同于德者，德亦乐得之；同于失者，失亦乐得之。（信不足焉，有不信焉。）

波说：

　　多为、强为不符合无为之道，是不能持久的。只有遵道而行，尽可能少为、不为，方为长久之道。

　　人生的结果，取决于自己的选择：选择遵道而行，自然路路通达；选择背道妄为，只能处处碰壁。

> 希言自然。故飘风不终朝，骤雨不终日。孰为此者？天地。天地尚不能久，而况人乎？

少说才是自然之道。因此狂风不能持续一个早晨，暴雨也不能持续一个整天。是谁掀起狂风、倾下暴雨呢？是天地。天地尚且不能让狂风暴雨持久，何况是人呢？

希言的含义是贵言，意思是少说教、少发号施令，也包含了少为的意思，因此希言符合自然之道。就天地之道而言，风和日丽或者和风细雨是希言少为，是符合常道的；暴风骤雨是多言、多为、强为，不符合常道，因此飘风不终朝，骤雨不终日。天地的行为如果不符合常道，就不能长久；作为法地、法天的人，如果行为不符合大道，更不可能长久。因此，结论是不言而喻的，人的行为应该遵从大道，方能长久。

但是，从飘风、骤雨的现象中，我们还可以得到一个启发，清静无为是常道，但暴风骤雨也是天地所为。为什么天地要刮狂风、下暴雨呢？是因为阴阳不调过甚，需要以这种暴烈的方式予以纠正。但应该清楚，暴风骤雨式的运动不能持久，在达到矫枉的目的后，要尽早回归贵言少为的常态。

故从事于道者，同于道；德者，同于德；失者，同于失。同于道者，道亦乐得之；同于德者，德亦乐得之；同于失者，失亦乐得之。

因此，体道、悟道、行道之人，品性行为符合于道；遵德之人，品性行为符合于德；不遵道不遵德之人，品性行为失道失德。遵道之人，道也乐于使他得到遵道的结果；遵德之人，德也乐于使他得到遵德的结果；失道失德之人，失也乐于使他得到失道失德的结果。

虽然道主宰天地万物，但这并不是说人什么也不能做，什么也做不了，只能被动地躺平。事实上，人生或者做事的结果，在很大程度上取决于自己的选择。原则上，人可以选择道、德或者失。道就是大道，德是指人类品性和言行与道的符合性，失则是指失道失德。人的选择不同，结果自然也就不同：选择遵道行事，就自然与大道融为一体而事事通达；选择遵德行事，行事就能符合自己的本性和自然规律，从而达到预期结果；选择背道背德，行为就会偏离大道和德，就会失败，就会失而无所得。

注：

"信不足焉，有不信焉。"疑为第十七章错简，本文删去。

第二十四章　企者不立

原文：

　　企者不立，跨者不行。自见者，不明；自是者，不彰；自伐者，无功；自矜者，不长。

　　其在道也，曰："余食赘行，物或恶之。"故有道者不处。

波说：

自见、自是、自伐、自矜，都不符合无为之道的基本原则，也违背了大道谦柔处下、以弱为用的原则，结果只能适得其反，因此我们应当摒弃这些"余食赘行"。

企者不立，跨者不行。

踮着脚尖的人不能站稳，跨越行走的人不能行远。

踮起脚跟不是自然的站立方式，跨步也不是自然的行走之道，因而不能站稳或者行远。

自见者，不明；自是者，不彰；自伐者，无功；自矜者，不长。其在道也，曰："余食赘行，物或恶之。"故有道者不处。

自我表现的人，反而不能显现其明；自以为是的人，反而不能彰显其是；自我夸耀的人，反而不能成就其功；自高自大的人，反而不能成为众人之长。从道的角度来看，自见、自是、自伐、自矜就像吃饱之后剩下的残羹冷炙或者画蛇添足式的多余行为，结果只能引起众人的反感、厌恶，使自己成为众矢之的。因此，有道的人不会这样做。

自见、自是、自伐、自矜就好比是踮着脚尖站立或者跨越行走，都是画蛇添足的行为，不符合自然之道，效果也只能适得其反。因此，有道之人不会自见、自是、自伐、自矜。

第二十五章　道法自然

原文：

　　有物混成，先天地生。寂兮寥兮，独立而不改，周行而不殆，可以为天地母。吾不知其名，强字之曰"道"，强为之名曰"大"。大曰"逝"，逝曰"远"，远曰"反"。

　　故道大，天大，地大，人亦大。域中有四大，而人居其一焉。

　　人法地，地法天，天法道，道法自然。

波说：

　　道是浑然一体、无始无终的存在，至虚无形、至大无极，始终运动不息，充满生命力，是化生天地的本源。大道运行的根本法则，在于顺其自然。

　　作为万物之灵的人类，也仅仅只是宇宙中四种最重要的存在之一，从属于大道，而不能凌驾于大道之上。

人类社会固然有其特殊的运行规律，但作为大道体系中的一个子系统，人道从属于天地之道和大道。因此，人类当自觉遵守大道，与天地万物和谐相处。

> 有物混成，先天地生。寂兮寥兮，独立而不改，周行而不殆，可以为天地母。吾不知其名，强字之曰"道"，强为之名曰"大"。大曰"逝"，逝曰"远"，远曰"反"。

在天地出现以前，就存在一个混沌的东西。它无声无形，独立存在，永远不会改变，始终循环运动，无所不至，无窒无碍，永不停顿，能够孕育天地万物。我不知道它的名字，只能勉强称它为道，也可以勉强给它取名为大。至大无极，运动不止，无所不至，这就叫作"逝"；"逝"则穷极至远，无所不包，这就叫作"远"；"远"却又循环往复，所以叫作"反"。

道是老子思想的核心概念，我们可以从以下几个方面来理解道：

第一，道是惚兮恍兮、若有似无的混沌之物或混沌状态；

第二，道无始无终，在天地万物出现之前就已经存在，是化生天地万物的本源；

第三，道是恒常的，独立而不改；

第四，"道"只是为了指代方便而勉强起的名字，并不是先天地生的混沌之物本身；

第五，道周行而不殆，始终按照自己的规律运行，无所不至、无所不包，循环往复。

第六，天地万物来源于道，其生长、消亡都遵道而行，是道运动、作用的结果。

> 故道大，天大，地大，人亦大。域中有四大，而人居其一焉。人法地，地法天，天法道，道法自然。

因此，宇宙中有四大最重要的存在，分别是道、天、地和人，人只是四大之一。在运行法则上，人取法于地，地取法于天，天取法于道，道取法于自然。

为了理解方便，我们可以把道理解成一个无边无际、无始无终的大系统（为了便于区别，我们姑且称之为大道），天、地、人则是大道的三个重要子系统；从运行规律的角度讲，除了遵循大道规定的普遍规律之外，每个子系统还有其特殊的运行规律，因此除了普遍的大道，还有天道、地道和人道，后三者是大道普遍规律的具体应用。因此人道当以地道、天道和大道为准则，地道当以天道和大道为准则，天道当以大道为准则，大道以自然为准则。

第二十六章　持重守静

原文：

重为轻根，静为躁君，是以君子终日行不离辎重。

虽有荣观，燕处超然。奈何万乘之主而以身轻天下？

轻则失根，躁则失君。

波说：

稳重沉静是修身、理事乃至治国的根本。轻率躁进就像是摇动树根，树根被摇动则枝干就会枯槁，人轻率躁进就会丧失根本而陷入困境，因此须始终保持沉静稳重，须臾不离。特别是肩负重任的大国君主，更不能为了满足自己的私利私欲而鲁莽行事，轻率地对待天下。

如何才能保持稳重沉静呢？修得一颗出世之心，以超然的态度处世，就不会为外物所扰，自可宁静淡泊，宠辱不惊，稳重沉静。

重为轻根，静为躁君，是以君子终日行不离辎重。

稳重是轻率的根本，沉静是浮躁的主宰，因此君子为人处世，当时刻保持稳重沉静，方可不离根本。

虽有荣观，燕处超然。

即使拥有华美的宫殿，也应安处其中而超然其外。

对于名利、物质生活条件等身外之物，应当以不经意的态度，泰然处之。华服美食也好，布衣蔬食也罢，悟道、行道之人都淡然处之，甚至不会意识到其中的区别，更不会受到任何影响。只有这样，才能做到处变不惊，始终淡泊宁静。

奈何万乘之主而以身轻天下？轻则失根，躁则失君。

身为万乘之国的君主，为什么要为了一己之私而轻率鲁莽地对待天下呢？轻率就会丧失根本，浮躁就会丧失主宰。

身处高位、肩负重大责任的人，一言一行都会对社会和他人造成重大影响，尤其应该沉静稳重，不能为了满足私欲私利而恣意妄为。

第二十七章　物无弃材

波说：

　　天地万物均由道生，各有其天赋本性和使命，本没有绝对的善或不善，所以说能做到人尽其才、物尽其用，才符合常道。遵道而行的圣人，所作所为均因物之性、顺势而为，助人依其本性去完成各自的使命。正因为圣人因物之性、顺势而为，所以能润物细无声，为而无形，为而无迹。

我们不可依据自己的主观标准，将不同的人区分为善或不善，更不可因为自己认为某些人不善而弃之不用。

作为一国或者一个单位的管理者，首先应该树立一个信念，每个人都有其特长，每个人都是有用的。管理者的职责，就是体察、了解不同人的天性和天赋，量才而用，使每个人都处于合适的位置，承担与其天性和才能相匹配的职责。识人、用人，是管理者最重要的才能，也是管理者最重要的职责。

汉高祖刘邦得天下后，有一次和大臣们一起喝酒，酒酣耳热之际，乘着酒兴问大家："各位彻侯、各位将军，你们不要对朕隐瞒，都讲讲你们的真实想法。我能得天下的原因是什么？项羽失天下的原因又是什么？（《资治通鉴·汉纪·汉纪三》原文：彻侯、诸将毋敢隐朕，皆言其情，吾所以有天下者何？项氏之所以失天下者何？）"待大家发表见解后，高祖总结说："各位但知其一，不知其二。运筹帷幄之中、决胜千里之外，我不如张良；镇守国家、安抚百姓、保障后勤供应，不使前方将士缺衣少食，我不如萧何；统帅百万之众，战必胜、攻必克，我不如韩信。这三位都是人杰，我能够使他们全心为我效力、并且充分发挥他们各自的才干，这才是我取得天下的原因。项羽帐下只有区区一位范增，却还不能信任、重用，这就是他被我打败的原因啊（《资治通鉴·汉纪·汉纪三》原文：公知其一，未知其二。夫运筹帷幄之中，决胜千里之外，吾不如子房。填国家、抚百姓，给饷馈，不绝粮道，吾不如萧何；连百万之众，战必胜，攻必取，吾不如韩信。三者皆人杰，吾能用之，此吾所以取天下者也。项羽有一范增而不能用，此所以为我所擒也。)"刘邦本人基本没有受过教育，是一个迹近无赖的草莽英雄，他能够在群雄逐鹿的乱世脱颖而出，成为汉王朝的开国之君，不夸张地说，主要就是依靠他识人善任的能力。

善行，无辙迹；善言，无瑕谪；善数，不用筹策；善闭，无关楗而不可开；善结，无绳约而不可解。

善行的人不会留下痕迹；善言的人说话没有瑕疵；善于计算的人无需使用竹码；善于闭门的人，不用门闩却牢不可开；善于打结的人，不用绳索却牢不可解。

所谓善行、善言、善数、善闭、善结，就是遵循大道去行、言、数、闭、结，因物之性而自然成势，势所必然则水到渠成，无需依靠器具或外力，自然无辙迹、无瑕谪、不用筹策、不可开、不可解。无论用智还是用力，都不可避免地有迹、有疵，只有因物之性，方得浑然天成，无迹无疵。

是以圣人常善救人，故无弃人；物无弃材，是谓"袭明"。

因此圣人始终善于依据不同人的本性，予以相应的辅助，因而任何人都不会被抛弃。不使任何人的才能被弃置不用，这就叫作因顺常道的大智慧。

万物都有其天赋本性，行道之人对万物一视同仁，不会凭自己的好恶，主观地把人分为善或者不善，而是始终体察不同人的天赋本性，顺其天性而引导、帮助他们发挥自己应有的作用，使他们各得其所，各得其用，这就是因顺常道。

　　故善人者不善人之师，不善人者善人之资。不贵其师，不爱其资，虽智大迷，是谓"要妙"。

所以善人是不善人的老师，不善人是善人可以利用的资源。如果不尊重老师，不爱惜资源，虽然自以为聪明，其实是最大的糊涂，这就是精要玄妙的道理。

善人是可以学习、效法的对象，所以说善人是不善人的老师。对于那些不善人，只要依据他们的天性，加以引导，把他们放到合适的位置，就可以使他们发挥各自的作用，因此说不善人是善人之资。

秦末大动荡时期，陈平投奔了当时的汉王刘邦，并且很快就得到汉王的赏识和重用，从而招致了刘邦旧将的忌恨。绛侯周勃、灌婴等人纷纷在汉王面前说他的坏话，说陈平这个人德行很差，在家的时候，就跟他的嫂子私通。先后跟随魏王咎和项羽，都无法立足，只好跑到我们这里。虽然现在受到重用，但听说他经常受贿，谁给他钱多，他就给谁好差事。说的人多了，汉王也有些疑虑，就当面责备陈平事主不忠，三心二意，不是一个诚信的君子。陈平回答说："我追随魏王时，魏王不能采纳我的建议，所以我才离开魏王投奔项王。但项王也不能信任人，他所信任倚重的那些人，不是姓项的族人，就是他妻子的娘家人，即使是满腹韬略的奇才，也得不到他的重用，所以我才离开楚国。听说汉王知人善任，所以才来投奔大王。我来时身无分文，如果不接受馈赠，就无法应付开销。如果我的谋划确实有可取之处，希望大王能采纳；否则的话，我所接受的金子都还在那里，原封未动，请您没收充公，并允许我辞职。"汉王幡然醒悟，赶紧向陈平道歉，不但给予丰厚的赏赐，而且还升他做护军中尉。

　　也许陈平确实德行有亏，不是一个道德完人，但是，刘邦没有求全责备，而是不拘一格，量才使用，显示了一个开国君主的博大胸怀和识人之智。在楚汉相争最激烈的时候，刘邦采纳陈平的计策，拿出四万斤黄金交给陈平，由陈平自由支配，对项王阵营行反间计，使项王君臣离心离德，连项王最重要的谋士范增也愤然辞职，为最终战胜项王立下大功。汉王朝建立之后，陈平先后在智擒韩信、解白马之围、平定陈豨之叛、灭黥布、灭诸吕等重大事件中发挥了关键性作用。可以说，刘邦的知人善任，成就了陈平；但反过来，正是能够任用某些人眼中存在明显缺陷的陈平，以及众多类似陈平这样的人才，刘邦才能屡败屡战，最终反败为胜，在垓下击败项羽，一统天下。

注：

依据帛书本，疑似将通行本"常善救物，故无弃物"改为"物无弃材"，更符合老子的思想。

第二十八章　大制不割

波说：

　　知雄、知白乃立身之本，守雌、守辱为处世之道，大制不割系成事之法。

知其雄，守其雌，为天下谿。为天下谿，常德不离，复归于婴儿。知其白，守其辱，为天下谷。为天下谷，常德乃足，复归于朴。

深知自己雄强，却甘愿退守雌弱，做天下的溪谷；做天下的溪谷，恒常之德就不会离身，最终回归到婴儿般的纯真状态。深知自己高洁，却甘受卑辱，做天下的空谷；做天下的空谷，恒常之德就能充足，从而复归于道的质朴状态。

雄的意思是能力卓越，白的意思是品行高洁。行道之人必须具备雄强的能力和高洁的品行，并且始终守雌、守辱，缺一不可。知雄、知白是守雌、守辱的前提，守雌、守辱则是符合大道的行为方式。如果不知雄、不知白，就是无用的废人，或者品行低下的小人，是不可能担当大任的，更不可能受到众人的拥戴。反过来，如果知雄而不能守雌，或者知白而不能守辱，态度上自以为是、盛气凌人，行动上强横粗暴、争名夺利，就不可能获得众人的支持和拥戴，自然处处碰壁，举步维艰，也不可能成为官长。

因此，一方面，知雄、知白是守雌、守辱的前提，没有雄和白，守雌和守辱就没有任何意义，结果只能永远为雌受辱，而不能成就一番事业，更不可能成为天下归心的官长。另一方面，守雌、守辱则可使雄、白发挥出最大的效用，细数历史上那些叱咤风云、建功立业的雄强之主，哪一个不是礼贤下士的楷模？

所以说，知雄、知白乃立身之本，守雌、守辱为处世之道。

圣人用之，则为官长，故大制不割。

圣人运用知雄守雌、知白守辱的法则，就能够受到众人的拥护而成为官长，因此，遵循大道的裁剪方法，无需切割。

弱者道之用。道发生作用的根本原则是守柔处下，润物细无声，无形无迹却又无所不为。得道的圣人谨守大道，表现出来就是知雄守雌、知白守辱，虽雄、虽白却复归于婴儿、复归于朴，甘做天下的溪谷，既有能力领导众人建功立业，又不与众人争竞，天下自然归心，圣人不求为官长却会被天下人主动推举为官长，这就是大制不割。

大制不割，是本章的点睛之语。金文的"制"，其字形是用刀截断树木，《说文解字》的解释是，"制，裁也"。因此，制的意思是截断、裁剪。大制既可以理解为遵行大道的裁剪方法，也可以理解为高明的裁剪方法，两种意思对理解本章的含义都没有影响。最高明的裁剪方法不是自己亲自动手去切割，而是通过知雄守雌、知白守辱，因物之性而自然成势，无须切割，想要裁剪的对象就已经变成想要的样子，这就是大制不割，为而无形，为而无迹。

归纳起来，本章的内容可以从以下几个层面来理解：

　　其一，知雄、知白是成就事业、成为官长的必要条件。知雄、知白就是要兼具雄和白，用现代话来讲，就是要德才兼备。

　　其二，为什么知雄还要守雌、知白还要守辱呢？因为德才兼备仅仅是成就事业、成为官长的必要条件，而非充分条件。要想成为官长，还必须在知雄的前提下守雌，在知白的前提下守辱：守雌、守辱的本质都是不争，"夫唯不争，故天下莫能与之争"，这也就是"后其身而身先"的道理。

　　其三，知雄守雌、知白守辱，就能做到大制不割，就符合天道的不争而善胜，无需自己争抢，自然被众人拥戴而成为官长。大制不割是第二十七章所言为而无形、为而无迹原则的具体应用。所有的作为都应该遵循"为而不争"的原则，要因物之性、顺势而为，才能做到善行无辙迹、善言无瑕谪，也就是用无形无迹的方式去为，因此，"为而不争"是为而无形、为而无迹的前提。在《老子》五千言中，从多个方面对这个道理进行了具体阐述：在为人处世方面，老子说，"后其身而身先""夫唯不争，故天下莫能与之争"；对于如何处理竞争或敌对关系，老子在第三十六章中明确地说，"将欲歙之，必固张之；将欲弱之，必固强之；将欲废之，必固举之；将欲取之，必固与之"。

注：

　　"守其黑，为天下式，为天下式，常德不忒，复归于无极。知其荣，"这数句疑为后人所加，原因可能是想以白对黑、荣对辱。但是，老子第四十一章有"大白若辱"之说，可印证白本来就可对辱，"知其白，守其辱"的文义也是完整的。而且，《庄子·天下》引用老聃的话是："知其雄，守其雌，为天下溪；知其白，守其辱，为天下谷。"因此，删去"守其黑，为天下式，为天下式，常德不忒，复归于无极。知其荣"等句，文义会更加顺畅。

"朴散则为器"，割断了上下文之间的逻辑联系，感觉比较突兀，疑为第三十二章错简，可移至第三十二章。

第二十九章　去奢去泰

原文：

　　将欲取天下而为之，吾见其不得已。天下神器，不可为也，不可执也。为者败之，执者失之。（是以圣人无为，故无败；无执，故无失。）

　　夫物，或行或随，或歔或吹，或强或羸，或载或隳。是以圣人去甚，去奢，去泰。

波说：

　　无论是取天下还是治国理事，都需遵道而行，因人之性、因物之性，根据不同情势、不同对象采取不同的策略，顺势而为，而不可偏执，不可走极端，更不可任意妄为。

　　为之、执之，都不符合"为而不恃"的无为之道，如果坚持为之、执之，最终只能失败、失去。

> 将欲取天下而为之，吾见其不得已。天下神器，不可为也，不可执也。为者败之，执者失之。是以圣人无为，故无败；无执，故无失。

想要夺取天下并且按照自己的主观意志摆布它，我看他不可能达到目的。天下是神圣的东西，不能按照人的主观意志任意摆布，也不能强行控制把持。按照人的主观意志摆布，就会扰乱、败坏天下；强行控制把持，就会失去天下。因此，圣人遵循无为之道，故而不会失败；不试图把持控制，故而不会失去。

"取天下而为之"的"为"，意思是按照自己的主观意志妄加摆布，是违反自然之道的妄为，结果当然只能失败、失去。

> 夫物，或行或随，或歔或吹，或强或羸，或载或隳。是以圣人去甚，去奢，去泰。

万物各有其不同之禀性：有的引领，有的追随；有的性缓，有的性急；有的刚强，有的羸弱；有的促成，有的破坏。因此，圣人不走极端，摒弃奢侈，避免过分。

世间万物各有不同的禀性，不能用同一标准去衡量要求或者对待。治国理事需要调和众多的人和事，自然不可偏执一隅，更不可为了一己之私而任意妄为。如果不能顺应大道，行事拘泥于一端，就不可避免地顾此失彼。因此，要学习圣人之道，尊重万事万物的个性，避免偏执、过分和极端，方可做到包容、公正、周全。

注：

"是以圣人无为，故无败；无执，故无失。"本在第六十四章，疑为错简，根据上下文，移至此处为宜。

第三十章　当强则强

原文：

　　以道佐人主者，不以兵强天下。其事好还。师之所处，荆棘生焉。大军之后，必有凶年。

　　善有果而已，不敢以取强。果而勿矜，果而勿伐，果而勿骄，果而不得已，果而勿强。

　　物壮则老，是谓不道，不道早已。

波说：

　　无论是处理国际关系还是人际关系，都不应该逞强斗狠，而应谦退处下，尽可能避免使用武力，因为杀敌一千、自损八百，一旦使用武力，无论胜负，双方都会付出惨重的代价。

　　但是，天地有时也会刮狂风、下暴雨。在面对强横、蛮不讲理的对手时，一味退让不但不能换取和平，反而可能助长对方的气焰，使其对我方步步进逼，在此情况下，我方就不得不、也不能不使用武力。一旦使用武力，就必须以雷霆万钧之势，迅速击败对手，但在达到预期目的后，应注意适可而止，留有余地，妥善处理善后事宜，避免冤冤相报。

> **以道佐人主者，不以兵强天下。其事好还。师之所处，荆棘生焉。大军之后，必有凶年。**

遵道辅佐君王的人，不依靠武力逞强于天下，因为靠武力逞强会遭到报应：军队所到之处，荆棘丛生；大战之后，必然出现荒年。

使用武力的代价是很大的，战争造成的直接后果是生灵涂炭、百姓流离失所，结果田园荒芜、荆棘丛生。战争还需要消耗大量的人力物力，大量本应从事生产的人被征召从军，最终战死或受伤，必然严重削弱生产能力，因此战争之后必然出现物资匮乏的荒年。

> **善有果而已，不敢以取强。果而勿矜，果而勿伐，果而勿骄，果而不得已，果而勿强。**

遵道之人如果被迫使用武力，就要善于以雷霆万钧之势击败敌人，但是，使用武力的目的仅限于达到预期目的、解决问题，而不敢依仗武力谋取强势地位，更不能霸凌他国或他人。用武力达到预期目的后，不要自大、不要夸耀、不要骄傲、不要逞强，而要强调使用武力是出于不得已。

道虽然崇尚守柔处静，但这不是绝对的。在处理与他国或他人的关系时，应尽量采取怀柔政策，谦退处下，以柔克刚，避免使用武力，但这并不是说，在任何时候、任何情况下都必须守柔处下；被逼到忍无可忍的时候，便无须再忍，面对强横无理的国家或人时，我方的怀柔只会被视为软弱可欺，这种情况下就必须使用武力回击。但是，使用武力要注意几点：

第一，须明确目标，妥善筹划，一旦使用武力，就必须使用雷霆手段，迅速取得胜利，达到预期目的；

第二，要牢记武力是手段而不是目的，使用武力的目的限于取得预期成果，给强横无理的敌人以深刻教训，使之不得不接受我方的合理要求；

第三，要通过宣传、沟通等方法，使天下人特别是各利益相关方明白，我方使用武力是迫不得已的，以维护我方使用武力的正当性和正义性；

第四，取得胜利后，要留有余地，不能骄傲自大，不要夸耀自己的胜利，更不能凌辱对方，而要善于怀柔，使对方心悦诚服，避免对方心存怨恨而报复，最终避免出现兵祸连年的被动局面。

物壮则老，是谓不道，不道早已。

事物达到盛壮之后就会开始衰老。追求盛壮不符合大道，不符合大道就会提早消亡。

日中则昃，月盈则亏，盛极而衰是亘古不变的客观规律。过分迷信武力，必然会不遗余力地追求强壮、强盛，最终盛极而衰，反而加速了自己失败甚至是灭亡的进程。

第三十一章　强不恃强

原文：

　　夫兵者，不祥之器，物或恶之，故有道者不处。

　　君子居则贵左，用兵则贵右。兵者不祥之器，非君子之器，不得已而用之，恬淡为上。胜而不美，而美之者，是乐杀人，夫乐杀人者，则不可得志于天下矣。

　　吉事尚左，凶事尚右。偏将军居左，上将军居右，言以丧礼处之。杀人之众，以悲哀泣之；战胜，以丧礼处之。

波说：

　　本章在第三十章的基础上，进一步说明要慎用武力。按照人类社会的礼制，用兵属于凶事，要按照丧礼的仪制来安排与用兵相关的活动，这也说明用兵是大家都不愿意看到的。如果迷信武力，就会受到天下人的反对。

　　在迫不得已用兵时，应该处处显示自己的无奈，不可张扬；在战争结束后，通过对死伤者的哀悼、纪念等活动，把战争的负面影响降到最低。

　　我们在处理单位之间和人际关系时，也应该借鉴本章所说的道理，知雄守雌。

　　夫兵者，不祥之器，物或恶之，故有道者不处。

　　武器和武力是不吉祥的工具和手段，人们都厌恶它，因此有道之人远离武力，尽量避免使用武力。

　　君子居则贵左，用兵则贵右。兵者不祥之器，非君子之器，不得已而用之，恬淡为上。胜而不美，而美之者，是乐杀人，夫乐杀人者，则不可得志于天下矣。

　　君子之礼，平常以左为尊位，用兵时却以右为尊位。武器和武力是不吉祥的工具和手段，不是君子在正常情况下所应该使用的，如果在迫不得已的情况下被迫使用武力，则应该以恬淡为上。取得胜利后，不要洋洋得意，否则就是喜欢杀人。以杀人为乐事的人，不可能受天下人拥戴而取得成功。

　　吉事尚左，凶事尚右。偏将军居左，上将军居右，言以丧礼处之。杀人之众，以悲哀泣之；战胜，以丧礼处之。

　　吉庆的场合以左边为尊位，凶丧的场合以右边为尊位。用兵时，偏将军处左边，上将军处右边，这就是说，用兵打仗需遵照丧礼的仪制。用兵就不可避免地会造成大量伤亡，要悲伤哭泣，进行哀悼；战争获得胜利后，要按照丧礼的仪制处理善后事宜。

第三十二章　知止不殆

原文：

道常无名，朴。虽小，天下莫能臣。侯王若能守之，万物将自宾。

天地相合，以降甘露，民莫之令而自均。

（朴散则为器，）始制有名，名亦既有，夫亦将知止，知止可以不殆。譬道之在天下，犹川谷之于江海。

波说：

知物之性，方可因物之性。万物之所以千差万别，是因为他们从道那里禀受了各自的本性和使命，探究、了解万物的天性和使命边界，据以行事，就不会陷入危殆。

道常无名，朴。虽小，天下莫能臣。侯王若能守之，万物将自宾。天地相合，以降甘露，民莫之令而自均。

道始终幽隐而无名，好像未经雕饰的木头那样质朴。质朴的道虽然隐微，天下却没有任何事物能够凌驾于其上。侯王如果能遵道而行，天下万物将自己宾服。天地阴阳之气相交合，就会降下甘露，虽然没有任何人干预，所降下的甘露却均匀地洒在万物之上。

道无形无滞，不系于物，让人感觉不到它的存在，无法用名称来准确描述，因此道常无名。道独立而不改，始终保持自己质朴的本真，不加修饰，因此称之为朴。如第三十四章所言："万物恃之以生而不辞，功成而不有。衣被万物而不为主，可名于小。"因此可以说道是细微的。但道的作用却至大至伟，主宰天地万物的运行。以甘露为例，天地阴阳之气相交合，就会降下甘露，没有任何人干预，甘露却能均匀地洒在万物之上，这就是道的作用。统治者如果能遵道而行，天下就会自然归心而臣服。

（朴散则为器，）始制有名，名亦既有，夫亦将知止，知止可以不殆。

道的质朴之性散化而成天地万物，使天地万物各具其本性和使命，成为有别于他物的自己，由此就可用名类对天地万物加以区分。有了可以区别天地万物的名称之后，也就可以知道天地万物各自的本性和使命边界，知道了天地万物各自的本性和使命边界，就能因物之性，也就不会有危险。

道化生万物，并且始终融入万物之中，规定万物的本性和

使命，主宰万物的运行，因此说"朴散则为器"。器代指有形
有质的万物，有形有质就可以"观其缴"，就可以为之命名，
并以名类加以区分。天地万物各有其本性和使命，以名类区分
天地万物之后，就可以知道它们各自的本性和使命，就能顺应
万物之性，这样就不会陷于困境和危险。

譬道之在天下，犹川谷之于江海。

道与天地万物之间的关系，就如同江海与溪水河流之间的
关系。

道对于天地万物的意义和作用，就好比江海对于溪水河流
的意义和作用，溪水河流终将归于大江大海，天地万物也归
于道。

注：

通行本中，"朴散则为器"位于第二十八章，从文义上
看，疑为错简，因此移至此处。

第三十三章　自知自胜

原文：

知人者智，自知者明。胜人者有力，自胜者强。知足者富。强行者有志。不失其所者久。死而不亡者寿。

波说：

修身的要旨在于内观、内敛、内守：以内观达到自知；以内敛、内守达到自胜、知足、强行、不失其所；以死而不亡为长寿之道。

俭啬修身，超越对物欲的追求，提升人生的价值和意义，通过对人类社会的贡献，留下自己曾经来过人世的印迹，实现死而不亡的终极长寿。

知人者智，自知者明。

能知人可谓聪明，能自知才是拥有大智慧的明道之人。

我们经常听到一句话，人贵有自知之明，这句话所说的自知，偏重于社会学意义上的自知，就是要知道自己所处的位置，知道自己的长处和短处、优势和劣势，知道哪些是自己能说能干的，哪些是自己不能说不能干的，等等。这些仅仅涵盖了老子所说的自知的一部分。

老子所说的自知，更强调知道自己的天赋本性和使命。人类的本性和使命虽然得自于道，但人从出生开始，就生活在家庭和社会之中，家人的言传身教、学校老师的悉心教育、文化环境和社会风气的熏染等等，都会对我们产生影响，日积月累，这些外来的思想观念逐渐侵蚀、改变我们的精神意识，反而掩盖了我们自己的天赋本性，这就是为什么老子在第四十七章中说："其出弥远，其知弥少。"因此，老子所说的自知，就是要通过"载营魄抱一"、俭啬内守等方式来修身养性，跳出功名利禄的束缚，抛开一切杂念，直面自己的内心，最终去伪存真，见素抱朴，重新认识道赋予我们的本性和使命。

唯有自知，方可本着自己的初心，顺应自己的本性，去完成自己的使命。

胜人者有力，自胜者强。

能战胜别人只能算是有力量，能战胜自己才是真正的强大。

自胜是要战胜什么？随着年龄的增长、阅历的增加，人们受外界熏染，天赋的欲望被放大，还产生了很多新的欲望。以食欲为例，饿了要吃饭，是天赋的欲望，但是，钟鸣鼎食、食不厌精、脍不厌细，则是食欲被放大而变成奢侈的欲望，奢侈的欲望是不符合道的。修道就是要消除这些后天放大或者新增的欲望（为了叙述方便，后文我们把后天放大和新增的欲望统称奢欲），回归本性。老子讲"为道日损"，就是这个道理。由于被各种诱惑浸淫太久，追逐奢欲可能已经变成不自觉的行为，自胜就是要克服自己的奢欲，回归天赋本真。

自知和自胜是相辅相成的，自知方能把精力放在对自己真正有意义的事情上，帮助实现自胜；自胜反过来帮助自己去伪存真，实现更深层次的自知。

知足者富。

懂得满足就是富有，也只有懂得满足，才是真正的富有。

这句话包含了两层含义：首先，老子在第二章讲过，有无相生、难易相成、长短相形。同样道理，富也没有一个绝对的标准，富是与穷相对而言的，没有穷的对比，就没有富。对于个人而言，是否富有，可以从内、外两个标准来衡量：外在标准是与其他人相比较，谁的钱多谁就是富，由于人外有人、天外有天，你有一亿，别人有十亿，你有十亿，别人有百亿，即使已经占有了大量财富，却仍然不能满足，结果就会陷入对物质财富无休止的追逐中，迷失自我，永远不能解脱。另一个标准就是自己内在的标准，拥有能够满足自身基本需要的物质财富就觉得满足了，内心觉得满足了就是富有。自己的基本需要有哪些呢？就是自己天赋本性的需要。以食欲为例，用普通器皿盛放适度加工的食物就是满足天赋食欲的需要，而钟鸣鼎食则是后天放大的奢欲。以内在标准去衡量财富，人就很容易获得满足，就不会因对物质财富的无尽追逐而迷失自己。

其次，知足者反而能变得更富有。圣人后其身而身先，外其身而身存。同样的道理，人能知足，就不会陷溺于对物质财富的无尽追逐中，精神也会恬淡安适，就能从更高层次认识自身和社会，也更能静下心，实现自知、自胜，言行更符合于道，更多的财富反而成为自然的结果。

强行者有志。

顽强坚持才算是有志。

君子立长志，小人常立志。立下志向却不能坚持，朝秦暮楚，三心二意，这种人不能叫作有志向。有志的人立下志向后，无论遇到多少困难或者面临多少诱惑，都会矢志不渝，顽强坚持。要自知、自胜、知足，偶尔做一下不难，难就难在持之以恒。持之以恒，方能悟道而同于道。

不失其所者久。

不丧失自身根本的人才能长久。

不失其所就是不要丧失或者脱离自己安身立命的根本——人的天赋本性和使命。自知是为了了解自己的天赋本性和使命，了解自己真正的需求是什么、自己的能力范围、自己的使命等等，在自知、自胜的基础上，顺着自己的本性行事，与道同体而不失其所，自然路路通达而得以长久。

死而不亡者寿。

肉体虽然死亡，肉体之外的东西却不会随之烟消云散，这就是长寿。

有史以来，长寿始终是人类孜孜以求的目标，但是，无论如何努力，人类肉体存活的时间终究不过数十百年，而在天地之间，数十百年的时间仅仅是一瞬间，甚至连一瞬间都算不上，因此，从延长肉体存活时间的角度去追求长寿，无异于缘木求鱼。

那么怎么才能长寿甚至是与天地齐呢？答案就是死而不亡。追求长寿的方法不是延长肉体的存活时间，而是要留下自己来过人间的印迹，留些人类社会能记住的东西，比如老子写了一本《老子》，我们就可以说，老子这个人随《老子》这本书和道家思想活在人们心中，《老子》一书和道家思想的流传时间就是老子的寿命。

第三十四章　无心乃大

原文：

　　大道氾兮，其可左右。万物恃之以生而不辞，功成而不有，衣被万物而不为主，可名于"小"；万物归焉而不为主，可名为"大"；以其终不自为大，故能成其大。

波说：

道无处不在，无所不为：化生万物、衣养万物、成就万物、主宰万物。然而，道却浑然无心，自然而然，始终不自以为大，这反而成就了道的伟大。

正所谓有意栽花花不发、无心插柳柳成荫。我们也当效法大道，只需本着初心，为所当为，不自见、不自是、不自伐、不自矜，反而能自然获得"后其身而身先"的结果。

大道氾兮，其可左右。

大道至大至广，可左可右，无所不在。

庄子在《知北游》对此有非常形象的描述，东郭子问庄子，"所谓道，恶乎在？"庄子答，"无所不在""在蝼蚁""在稊稗""在瓦甓""在屎溺"。天地万物中都有道，天地万物的形态、运行由道主宰，都是道作用的结果。

> **万物恃之以生而不辞，功成而不有，衣被万物而不为主，可名于"小"。**

万物靠它而生，道也不推辞；成就万物，也不据为己功；保护养育万物，也不自以为主宰。从这个意义上讲，可称之为小。

道的作用自然而然，无形无迹，润物细无声，因而是隐微、无名的；万物恃之而生、恃之而成、受其衣养却不自知，从这个角度讲，可以说道很小，小到万物完全不知道其存在的程度。

> **万物归焉而不为主，可名为"大"；以其终不自为大，故能成其大。**

万物都归依于它，而道却不以万物的主宰自居，从这个意义上讲，又可称之为大。正因为道始终不自以为大，反而成就了它的大。

道只是顺应自然，视万物如刍狗，天地万物却都自己主动归依于道，如同江河奔向大海，不可阻挡。尽管如此，道却完全处之无心，被动接受、包容而已，而不会自以为大，正因为如此，才能成就道的伟大。

第三十五章　至味无味

原文：

执大象，天下往。往而不害，安平泰。

乐与饵，过客止。道之出口，淡乎其无味，视之不足见，听之不足闻，用之不足既。

波说：

与音乐和美食不同，大道既看不见，又听不到，讲出来平淡得没有滋味，可见体道、悟道之难。但是，道却无处不在、无所不能，其作用也永无止境。

遵循大道，就能天下归心，使百姓安享太平。

执大象，天下往。往而不害，安平泰。

遵从包容万物的大道，则天下归心、百姓来附；来附的百姓不会受到伤害，安享太平和安宁。

大象无形，包统万物而无所犯伤，君主效法大象，作

"不知有之"的"太上"，百姓不会受到干预，更不会受到伤害，因而都乐于归附。

乐与饵，过客止。道之出口，淡乎其无味，视之不足见，听之不足闻，用之不足既。

音乐和美食，能吸引往来过客止步；而道讲出来，却平淡得没有味道。道就是这样，看不见、听不到，但它的功用却无穷无尽。

道虽然衣养、主宰万物，万物无不受到道的恩泽，却丝毫感受不到道的存在。有味之味，总有局限，终有使人腻味的一天；无味之味，才会让人回味无穷，因而才是至味。

第三十六章　利器当藏

原文：

将欲歙之，必固张之；将欲弱之，必固强之；将欲废之，必固举之；将欲取之，必固与之。是谓"微明"。

柔弱胜刚强。

鱼不可脱于渊，国之利器不可以示人。

波说：

大制不割。对付竞争对手或者敌人最好的方法，不是简单粗暴地与对方硬碰硬，而是遵循物极必反、盛极必衰的规律，以我方的弱、让，促使对方的强、进，使对方自行走向衰亡。

利用谦退、示弱的策略，使对手放松警惕、骄傲自大，可以加速其由盛转衰的进程，促使其早日灭亡。为此，既要始终持有自卫的利器，又不可示之于人。

> 将欲歙之，必固张之；将欲弱之，必固强之；将欲废之，必固举之；将欲取之，必固与之。是谓"微明"。

要想使它收敛，必须先使它扩张到极限；要想削弱它，必须先使它强盛到极限；要想废弃它，必须先推举它；要想从它那里夺取，必须先尽可能多地给予它。这就是微妙的智慧。

物极必反是"反者道之动"的具体体现。对于想要歙、弱的敌人或者对手，必须设法使它先张、强，对于想要废、取的敌人或者对手，必须先推举它、给予它，促使它加速走向盛壮，最终物极必反，自然走向衰败灭亡，而无须我方动手，或者即使需要我方动手，也只是顺势推一下即将倒塌的危墙，事半功倍。

春秋时期，郑庄公就是运用这个策略，成功地剪除了政治对手共叔段，巩固了自己的地位。郑庄公继位之初，他的弟弟共叔段在太后武姜的支持下，试图篡位。郑庄公审时度势，隐忍不发，还有意纵容共叔段的种种不法、不臣行为。太后要求把重要城邑京分封给共叔段，他二话不说地照做；共叔段强占西鄙、北鄙等地，他不做反应；共叔段积极准备兵器、招募军队，他装聋作哑。最后，共叔段膨胀到极点，计划利用武姜做内应，起兵进攻国都。在掌握他们的计划后，郑庄公迅速反应，立即派兵进攻京，此时京城人都知道共叔段谋反，因此都反对他。面对郑庄公的大军，共叔段完全没有还手之力，先逃到鄢地，仍然无法立足，只好又逃到共国避难。

大家可能要问，郑庄公作为一国之君，利用手中的权力直接把共叔段抓起来，不是更容易吗？事情不是这样简单，共叔段在早期虽然骄纵，也有篡位之心，却还没有明显的造反行为，再加上背后有太后的支持，如果过早地处置他，郑庄公对内会受到太后的巨大压力，对外可能被安上一个不能容亲弟弟的坏名声，最终不但不能处置共叔段，反而可能危及自己的国君之位。相反，通过前期的隐忍甚至是纵容，使共叔段放松警惕，无所顾忌地在篡位之路上越走越远，失去民心，此时顺势剿灭他，既得到全国臣民的一致支持，又使太后无法袒护，自然事半功倍。

柔弱胜刚强。鱼不可脱于渊，国之利器不可以示人

柔弱最终能战胜刚强。就像鱼不能脱离深渊一样，国家的利器也不能展示给他人。

柔弱可以使敌人放松警惕，变得更加嚣张跋扈，以人工催熟的方式，缩短其达到鼎盛所需的时间，从而加速其盛极而衰的进程。结果我方什么也不用做，或者只需付出很少的努力，对方就会自行灭亡。

鱼一旦脱离了深渊，就会受制于人，只能任人宰割。一个国家也是一样，自己用以自卫或者攻击敌人的利器（武器、技术、国力等），必须深藏不露，不可让敌人了解。

如果一国利器被敌国了解，至少会产生两个重大后果：其一，敌国意识到此国的强大，提高了警惕，加强防备，就不会张、强，也就很难自行歙、弱，此国便失去了柔弱胜刚强的机会，就只能付出加倍努力，与敌方硬碰硬，这是代价最大的方式；其二，敌国研究出了对付此国利器的反制武器，此国的利器失去效用。

因此，处理国与国之间的关系时，"知其雄，守其雌"方为上策，"知其雄"是根本，"守其雌"是策略，能战方能止战。

第三十七章　以道化欲

原文：

道常无为而无不为。

侯王若能守之，万物将自化。化而欲作，吾将镇之以无名之朴。镇之以无名之朴，夫将不欲。不欲以静，天下将自正。

波说：

如果天地万物都遵道而行，则天地万物都能各尽其性，自然生生不息，绵延不绝。

然而，万物负阴而抱阳，人类固有的欲望存在日益膨胀的趋势，对物欲的过分追逐，会打破社会的和谐，妨碍社会的有序运行，因此需要抑制人们膨胀的欲望，使人们返璞归真，谨守自己的天赋本性和使命，天下自然回归正道。

抑制人们的欲望，不可违逆人的本性，生拉硬拽地强迫人，而是应该遵循无为之道，因人之性，顺势而为。

道常无为而无不为。

道始终遵循无为之道，却能无所不为。

道为什么能无为而无不为呢？因为道法自然，道发生作用的根本原则，在于顺应自然。顺应自然则顺物之性，万物各自依据其本性运行，完成各自的天赋使命，万物的本性和使命都来源于道，因此道也就无为而无不为了。

侯王若能守之，万物将自化。

侯王若能遵道而行，万物就会自然运化。。

治国理事也当遵行大道，"以百姓为刍狗"，减少干预和干扰，使百姓依据其本性自然成长，繁衍生息。

化而欲作，吾将镇之以无名之朴。

自然运化过程中，百姓的私欲会滋长蔓延，我就遵道对百姓的欲望予以镇扶。

老子在这里提出一个非常重要的论断："化而欲作"。万物负阴而抱阳，万物包括人的天性中，既有利他因素，也有利己因素，比如森林之中，树木为了吸收更多的阳光，就争相向高处发展。人类社会也是一样，如果完全放任不管，私欲就会膨胀而导致社会争竞无序，因此，在因任自然的前提下，也需要"镇之以无名之朴"，引导百姓遵道而行，回归其淳朴自然的天性。

镇之以无名之朴，夫将不欲。不欲以静，天下将自正。

遵道对百姓的欲望予以镇扶，使百姓返璞归真、私欲不兴。百姓少私寡欲，也就不会有争竞，社会将归于宁静祥和的状态，天下也就自然回归正道。

第三十八章　上德不德

原文：

上德不德，是以有德；下德不失德，是以无德。

上德无为而无以为；下德无为而有以为。

上仁为之而无以为；上义为之而有以为。

上礼为之而莫之应，则攘臂而扔之。

故失道而后德，失德而后仁，失仁而后义，失义而后礼。夫礼者，忠信之薄，而乱之首。

前识者，道之华，而愚之始。是以大丈夫处其厚，不居其薄；处其实，不居其华。故去彼取此。

波说：

修道以修得上德为最高境界。上德之人，处世无心，言行却无不合道，达到随心所欲不逾矩的境界。

按照言行是否始终合道而自然无为，可以将人的德行分为有德和失德两大境界。

　　言行始终合道即是有德，否则即是失德。上德之人和下德
之人的言行都符合于道，二者区别在于，上德之人是本性使
然，不求而得，下德之人是有心为之，求而得之。

　　失道后的境界可以分为德、仁、义、礼四个层次，由无
为、无心依次向下至有为、有心。无为则合于大道、无形无
迹，有为则偏离大道、有形有迹；无心乃无意为之，出于本性
而为之，内在本质重于外在形式，有心则有意为之，外在形式
重于内在本质。

　　处世和治理国家，应当重质轻文，摒弃文饰的仁、义、
礼，返璞归真，依据人类的天赋本性，顺势引导，从而做到为
而不争、为而无形、为而无迹。

上德不德，是以有德；下德不失德，是以无德。

　　上德之人完全没有"德"这个概念，内无求德之心、外
无行德之迹，言行却无不合道，因此有德。下德之人虽言行
合道，却内有求德之心、外有行德之迹，因此不是完全
有德。

上德无为而无以为；下德无为而有以为。

　　上德之人无心为之而自然无为，下德之人有心求之而达到
无为。

> 上仁为之而无以为；上义为之而有以为。
>
> 上礼为之而莫之应，则攘臂而扔之。

上仁之人无心为仁，一举一动却自然符合仁德。上义之人有心求义，并且也能够守义。上礼之人有心要求大家守礼却得不到响应，就用臂推搡，强拉硬拽，逼迫人守礼。

最高境界的仁称为上仁，以仁爱待人，其仁爱出自本性而非有心为之，更不求仁爱之名；而作为道德规范的仁学却规定什么是仁，按照规定的模式去行仁，仁行不是出自本性，也会给人作伪的机会，因此不是上仁。

义学规定一套何者为宜的标准，人们遵照这套标准执行。这套标准可能有助于人们做出符合社会规范的行为，但这种行为是有心为之，巧诈之人也可以作伪。

礼学则是制订一套繁杂的道德规范、行为准则和仪式流程，所强调的是外在的行为，以外在的、形式上的守礼为目标，巧诈虚伪之人可以用守礼之名，行求名、求利之实，因此，礼学容易导致虚伪巧诈之行的盛行。

> 故失道而后德，失德而后仁，失仁而后义，失义而后礼。夫礼者，忠信之薄，而乱之首。

因此，不能自然合道才会退而追求有德，求德不得才会退而追求行仁，不能行仁才会退而追求行义，求义不得才会提倡守礼。礼这个东西，会使忠信之行日少而邪乱之行日增。

老子特别反对礼，说礼是忠信之"薄"，是"乱之首"。《说文解字》中道："薄，林薄也。"清代段玉裁进一步解释说："林木相迫不可入曰薄。"意思是林木太过密集、相互逼迫，达到了没有缝隙、人不可入的程度，因此，"薄"引申有迫近、逼迫的意思。老子说礼是忠信之薄，意思是如同劣币驱逐良币，礼会把忠信之行从人的行为中驱逐出去，使人的行为中仅仅剩下巧诈伪行。

> 前识者，道之华，而愚之始。是以大丈夫处其厚，不居其薄；处其实，不居其华。故去彼取此。

仁、义、礼这些规范，只是道表面的虚华，会将人引入歧途，使人们脱离大道。因此，大丈夫当内心敦厚而不求外在文饰，当谨守道的内在实质而不求外表虚华。因此，我们应该效法大丈夫，去除文饰虚华，谨守敦厚质朴。

最根本的解决办法，就是重内心之质而去除外在虚华，抛弃仁、义、礼等文饰之学，使人回归自然质朴的天性，远离虚伪巧诈，最终修得无为而无以为的上德。

第三十九章　守一不失

原文：

　　昔之得一者——天得一以清，地得一以宁，神得
一以灵，谷得一以盈，（万物得一以生，）侯王得一
以为天下正。

　　其致之也，天无以清，将恐裂；地无以宁，将恐
废；神无以灵，将恐歇；谷无以盈，将恐竭；万物无
以生，将恐灭；侯王无以正，将恐蹶。（其诚之也，
谓天毋已清，将恐裂；地毋已宁，将恐发；神毋已
灵，将恐歇；谷毋已盈，将恐竭；侯王毋已贵以高，
将恐蹶。）

　　故贵以贱为本，高以下为基。是以侯王自称孤、
寡、不谷。（人之所恶，唯孤、寡、不谷，而侯王以
为称，）此非以贱为本邪？非乎？故至誉无誉（故致
数舆无舆）。是故不欲琭琭如玉，珞珞如石。

波说：

天地万物之所以千差万别、形态各异，是因为道赋予了他们各自独特的本性和使命。天地万物应当谨守各自的本性和使命，才能发挥自己的作用，完成自己的使命。

如果偏离自己的本性，贪多而欲求不已，便会导致自我迷失、自我毁灭。

> **昔之得一者——天得一以清，地得一以宁，神得一以灵，谷得一以盈，侯王得一以为天下正。**

自古以来，天地万物在得到道所赋予的"一"之后，才能成为自己：天得一就清明，地得一就安宁，神得一就灵验，山谷得一就充盈，侯王得一就成为天下之主。

本章所说的"一"，就是"道生一"的"一"，是道赋予天地万物的密码包，其中包含了天地万物的本性和使命。

不同的事物，所接收到的"一"是不同的。天地万物从道那里接受了各自不同的密码包，就具备了各自的本性，也接受了各自的使命，天地万物才能成为自己。天地万物的本性和使命不同，各自的表现也就不同：天清、地宁、神灵、谷盈、侯王为天下正。

> 其诚之也，谓天毋已清，将恐裂；地毋已宁，将恐发；神毋已灵，将恐歇；谷毋已盈，将恐竭；侯王毋已贵以高，将恐蹶。

应该引以为戒的是，天如果不能适可而止，过度求清，恐怕会崩裂；地如果不能适可而止，过度求宁，恐怕会毁坏；神如果不能适可而止，过度求灵，恐怕会失灵；山谷如果不能适可而止，过度求盈，恐怕会枯竭；侯王如果不能适可而止，过度求高求贵，恐怕会被推翻。

"一"虽是由道赋予之本性和使命，但天地万物得"一"而成之后，应当谨守各自的本性和使命，不可贪多而欲求不已，否则便会导致自我迷失、自我毁灭，更不能发挥自己的作用，具体表现为：天不再能保持清明，而会崩裂；地不再能保持安宁，而会崩塌；神不再能灵验，而会停歇；谷不再能充盈，而会枯竭；侯王不再能高居君位，而会被推翻。

> 故贵以贱为本，高以下为基。是以侯王自称孤、寡、不穀。（人之所恶，唯孤、寡、不穀，而侯王以为称，）此非以贱为本耶？非乎？故致数舆无舆，是故不欲琭琭如玉，珞珞如石。

所以贵必以贱为根本，高也必以下为基础。因此侯王自称孤、寡、不善。人人都厌恶孤、寡、不善，而侯王却以此自称，这不就是以贱作为根本吗？难道不是吗？再多的车厢加在一起，也不能构成完整的车子。因此不求美玉的光彩照人，而宁愿保持石子的坚硬质朴。

贱是贵的根本，下是高的基础。对于天地万物而言，其本性和使命就是其各自的根本和基础。以车子为例，车厢是车子载人载物的部分，处于车子的最上部分，可谓是车子贵、高的部分，但是，车厢再多，如果没有车轮、轮毂、辐条等贱、下的部分，就不能构成一辆完整的车子，更不能实现车辆载人载物的功能。

侯王的本性和使命是"受国之垢""受国不祥"，因此侯王自称孤、寡、不善，以此表示自己不是高高在上、欺凌百姓的"盗夸"。

玉石外表光鲜亮丽，本质却是石头，但是，光鲜亮丽的外表是靠不住的，因为外表会受到光线等环境因素的限制。如果过分追求外在的虚文，就会难以自主，丧失自我；不如持守自己的根本，谨守石子坚硬质朴的基本属性。

注：

通行本第一段有"万物得一以生"；帛书本无此句，从全章考虑，疑应遵照帛书本，删去此句。

高明先生依据帛书本将第二段订正为"其诚之也，谓天毋已清，将恐裂；地毋已宁，将恐发；神毋已灵，将恐歇；谷毋已盈，将恐竭；侯王毋已贵以高，将恐蹶。"帛书本义胜，故这里采用帛书本。

通行本中的"人之所恶，唯孤、寡、不穀，而侯王以为称"在第四十二章，疑为错简，依文义移至此章。

通行本中的"故至誉无誉"，似应依据帛书本改为"故致数舆无舆"。

第四十章　反动弱用

原文：

反者，道之动；弱者，道之用。

天下万物生于"有"，"有"生于"无"。

波说：

大道运动的基本形式，是无和有之间循环往复的转化。我们体道悟道，最重要的途径就是研究有、无相互转化的过程和条件，也就是有无相互转化的规律。自觉地根据客观规律行事，就能做到为而不争，无形无迹却又事事通达。

人的一生，不过是大道循环过程中一个微不足道的小环节。在大道面前，人生的任何成就或者际遇都是渺小的，可以忽略不计的。明白了这个道理，我们就可自觉提升自己的胸襟和格局，自觉地后其身、外其身，全身心地投入到自己的天赋使命中，从而提升人生的价值和意义。

万事万物都时刻处于运动变化之中，始终处于向自己对立面转化的过程中，因此我们应当以发展的眼光看待万事万物，泰然面对人生的起起伏伏。

反者，道之动，弱者道之用。

向对立面发展而致循环往复，是道的运动规律；柔弱而非对抗，是道的作用方式。

本章是对第一章"玄之又玄"的进一步说明。"万物负阴而抱阳"，任何事物内部，都包含着阴和阳两个方面的因素，阳可以看成是促进事物发展的因素，阴可以看成是促进事物灭亡的因素，也就是说，万物之中都包含有自己的对立因素。随着万物的生长发展，对立因素也逐渐壮大，事物逐步走向自己的对立面，这是"反者道之动"的第一层含义。刚出生时，阳占主导地位，促使事物生长发育而达到盛壮，此时阴开始占主导地位，事物即由盛转衰，最终走向灭亡，回归于无，返回自己的来源地，这是"反者道之动"的第二层含义。万物回归于无之后，无又生有，化生出新的万物，有无相互转换，循环无穷，这是"反者道之动"的第三层含义。

道以柔弱的方式起作用，像水一样，润物细无声。柔弱不是出于道的主动选择，而是道因物之性、顺势而为的自然结果。

天下万物生于"有"，"有"生于"无"

天下万物都由有形有质的母体孕育而生，因此可以说天下万物生于有。溯本求源，有最终都来自无。

　　从另一个角度看，天下万物的生死兴替，都是由无生有、有又归无、再由无生有、有又归无……循环往复，无始无终，这就是《老子》第一章所说的"玄之又玄"。

第四十一章　明道若昧

波说：

现象和实质往往看起来是矛盾的，同样一件事，从不同角度看，结论也往往不同：当前看来有利的事，长远未必有利；对局部有利的事，对全局却未必是好事。所谓三思而后行，就是要从不同角度去反复权衡，透过现象看本质，而不可偏执一隅。

无形方为不可超越之大，有形则有局限，不是真正的大。
从无和有的关系来看，无才包含无限可能，而一旦成为有，就
有了局限，就能被超越。

> **上士闻道，勤而行之；中士闻道，若存若亡；下士闻
> 道，大笑之。——不笑，不足以为道。**

上士听了道，努力践行；中士听了道，将信将疑；下士听
了道，哈哈大笑。如果下士不哈哈大笑，就反而不是道了。

道是幽微深远、若有似无的，看不见、听不到、摸不着，
像水一样润物细无声，而且人的认识能力也是有局限性的，因
此道很难被人所准确认识。同时，现象和实质看起来往往是相
反的，因此只有德智兼备的上士，才能了解道的伟大而努力践
行，德智一般的中士则是将信将疑，而见识浅陋的下士反而会
嘲笑道。

> **故建言有之：明道若昧，进道若退，夷道若纇。上德若
> 谷，广德若不足，建德若偷，质真若渝。大白若辱，大方无
> 隅，大器免成。大音希声，大象无形，道隐无名。夫唯道，
> 善贷且成。**

因此先贤有这样的说法：光明的道看起来却像是暗昧，前
进的道看起来却像是后退，平坦的道看起来却像是坑洼不平；
崇高的德看起来好像山谷一样空虚，广博的德看起来好像欠缺

不足，刚健的德看起来却像因循苟且，质朴纯真看起来却好像随物变化；最高洁的看起来好像是卑污的，大方看不到棱角，大器无需人工制作，大音听不到声音，大象看不到形状，大道也是隐没而不被人感知的。但是，只有道才善于帮助、成就天地万物。

我们看到的现象，不一定是真实的情况，因此先贤才举了下面一些例子予以说明：

明道若昧、进道若退、夷道若纇，这里的道可以理解为方法、道路等。通向光明的道路，可能看起来是暗昧的，或者需要经过暗昧的地方，如同黎明前的黑暗。那么什么是进道若退呢？真正能以最小代价达到目的的方法，或者以最快速度到达目的地的道路，往往是迂回的，"后其身而身先，外其身而身存"就是典型的例子。什么叫夷道若纇呢？同一条道路，在翱翔九万里的大鹏眼里，可能非常平坦，但对于行走在道路上的人而言，却可能是颠簸不平的。道路还是那条道路，之所以存在平与不平的区别，是因为观察者的视角不同、格局不同而已。

符合道的上德，若道一般虚而能容，看起来像山谷一样虚寂，所以说上德若谷。至大至广的德，廓然无形，不可见、不可触，看起来好像不足，所以说广德若不足。与进道若退类似，健行之德在某些情况下看起来好像因循苟且，所以说建德若偷。大白是真正品行高洁之人，和光同尘，勇于承担责任，甘受冤屈侮辱而不辩解，因此看起来好像品行有污。质真者不事雕饰，纯任自然，在环境不同、角度不同时，看起来却好似发生了变化，所以说质真若渝。

正确理解大方、大器、大音、大象之大的含义，是理解这几句话的关键。大是从大道角度理解的大，而不是平常人所认为的大；前者之大，至大无极，至大无匹；后者之大，有形有迹，有形有迹则有局限，不是真正的大。

真正大的方形，至广至大，超出人的感官所及，自然看不到也感受不到它的棱角；反之，能看到或感到棱角的方，就不是真正大的方，因为还会有更大的方。

今本大器晚成，在帛本是大器免成，根据上下文，以大器免成为宜；制作而成的器，必然会有种种局限和不足，不是真正的大器；只有自然天成的器，各方面都符合大道而没有缺陷，才是真正的大器。

"听之不闻，名曰希"，希声就是不能听见的声音；能够听见的声音，就能测出具体的分贝数，就能被超越，因而不是真正的大。

与"大方无隅"同样道理，有形的象就有局限，就可以被更大的象超越，因而不是真正的大象；只有无形的象，才是不可能被超越的大象。

道至大至广、无所不包、无所不容，却又看不见、听不到、摸不着，因此是隐而无名的。

第四十二章 负阴抱阳

原文:

道生一，一生二，二生三，三生万物。

万物负阴而抱阳，冲气以为和。

(人之所恶，唯孤、寡、不穀，而侯王以为称。)

故物或损之而益，或益之而损。人之所教，我亦教
之:强梁者不得其死，吾将以为教父。

波说:

道化生天地万物，赋予他们各自不同的本性和使命。

与天地万物相同，人生而带有道赋予的本性，也肩负着道
赋予的使命。人生的意义，在于依据自己的天赋本性，完成自
己的天赋使命，归根复命。

万物都包含阴阳两方面的因素，二者之间的相互作用，决
定了万物成长变化的过程和方向，这是我们认识万事万物的基
本方法。我们可以把阴阳视为矛盾的两个方面，并参考毛泽东

主席在《矛盾论》中的精辟论述，加深对于这种认识方法的理解。毛主席说，"矛盾的普遍性或绝对性这个问题有两个方面的意义。其一是说，矛盾存在于一切事物的发展过程中，其二是说，每一事物的发展过程中存在着自始至终的矛盾运动"，"一切事物中包含的矛盾方面的相互依赖和相互斗争，决定一切事物的生命，推动一切事物的发展，没有什么事物是不包含矛盾的，没有矛盾就没有世界"。因此，任何事物、在任何时刻都同时包含阴、阳两个方面，或者说，不存在不包含阴阳的事物，也不存在只包含阴或者只包含阳的事物，阴阳之间的相互作用，决定了事物的状态和发展方向。

道生一，一生二，二生三，三生万物。

这几句话描述了道化生万物的过程，需要注意的是，这里的一、二、三均可理解为由无到有的各种状态，若有似无，而不是指有形有质之物。

"道生一"不是说"道"像母亲产子一样把"一"生出来，而是说，在道的作用下，由无化生出"一"。那么什么是"一"呢？可以把"一"理解为无形无质的密码包，规定了即将化生之物的根本属性和使命（使命寓于本性和本能之中），类似于载有遗传密码的 DNA，但却不像 DNA 那样有形有质。万物千差万别，就是因为道赋予他们的"一"不同。

"一"中包含阴阳二气，即为"一生二"。阴阳二气相摩相荡、涌摇交合，逐渐达到和谐状态，这种和谐状态也可称为和气，是谓"二生三"，这里的三不是指三个，而是第三种状态。阴阳和合的状态（和气）即是孕育有形之物的基础，所以说三生万物。

第十章"载营魄抱一"、第三十九章"昔之得一者"等句中的"一"，均与本章中的"一"具有相同含义，都是指道赋予天地万物的根本属性和使命。

万物负阴而抱阳，冲气以为和。

万物之中都包含阴阳二气，阴阳二气相摩相荡而达到和谐，成就万物。

万事万物都自始至终带有"一"所规定的根本属性和使命，也都包含阴阳二气。万物生长、发展的过程，就是阴阳二气相互作用的过程：阳胜阴，事物就按照自己本性的方向发展；阴盛阳，事物的发展就受到抑制。阴阳平衡、和谐，事物就处于正常状态；阴阳失衡、不和，事物就处于病态。这一点在中医理论中得到广泛应用。

故物或损之而益，或益之而损。

因此，对于事物某一方面的减损或者抑制，可能反而会对其长远发展具有助益；对于事物某一方面的增益，可能反而会对其长远发展造成损害。

损或益，应当辩证地去看。举一个例子，果农种植果树，需要进行剪枝，剪去部分枝条，反而能使果树更加苗壮地成长，并且结出更多的果实。

人之所教，我亦教之：强梁者不得其死，吾将以为教父。

别人教导我的道理，我也以之教育他人：逞强斗狠的人不得好死，我将以此为戒。

注：

根据上下文，"人之所恶，唯孤、寡、不穀，而侯王以为称"移至第三十九章为宜。

第四十三章　无为之益

原文:

　　天下之至柔，驰骋天下之至坚，无有入无间。吾是以知无为之有益。

　　不言之教，无为之益，天下希及之。

波说:

无论做任何事情，都应遵循无为之道，因物之性、顺势而为，方可无为而无不为。

天下之至柔，驰骋天下之至坚，无有入无间。吾是以知无为之有益。

天下最柔弱的东西，可以在天下最坚硬的东西中纵横自如；无形无质的东西可以自由出入没有间隙的东西；我据此知道了无为的益处。

至柔驰骋于至坚、无有入无间，凭借的都不是强力，而是依据对象本性的顺势而为，这就是无为之为。

　　无为不是绝对的不作为，不是绝对的什么也不做，而是尽量不为、少为，在不得不为时，也要在充分了解对象本性的基础上，因物之性、顺势引导，为而不争、为而无迹，使对象自觉向希望的方向发展，从而以无为的方式实现无不为。

　　本章所说的至坚、无间，不能狭隘地理解为坚硬、结实的有形之物。举一个例子，一个固执己见的人，他的思想就可以说是至坚、无间的，如同人们常说的油盐不进，很难听进去不同意见。对于这样的人，只能行不言之教，因势利导，让他自己主动考虑、接受不同的观点和意见。

不言之教，无为之益，天下希及之。

　　不言的教化效果，无为之道的益处，天下几乎没有什么东西能够与之相比。

　　不言之教是一种特殊的无为，是无为之道在教化方面的应用。无论是统治者教化万民，还是父母教育孩子，都应该遵循无为之道，才能取得良好的效果。

第四十四章　知足不辱

原文：

　　名与身孰亲？身与货孰多？得与亡孰病？

　　甚爱必大费，多藏必厚亡。

　　故知足不辱，知止不殆，可以长久。

波说：

　　人生的痛苦，大多源于欲而不得；人生的烦恼，大多源于患得患失。如果以超然的态度对待名利得失甚至是身体、生命，就能不受外物所累，把自己解脱出来，心灵恬淡，精神自由，进而"外其身而身先，后其身而身存"，更好地发挥自己的天赋才能，完成自己的天赋使命，成就一番事业。

　　名与身孰亲？身与货孰多？得与亡孰病？甚爱必大费，多藏必厚亡。

　　名位和身体，哪个与我的关系更亲密？身体与财货，哪个更重要？得到与失去，哪个更值得担心？过分爱重某个东西，就必然导致巨大的耗费；聚敛的越多，丧失的也必定越多。

老子在这里一连用了三个反问句，振聋发聩。他的真实意思是什么呢？老子接下来说，"甚爱必大费，多藏必厚亡"，据此分析，前三个反问句的真实意思是，名和身与我的关系都没有那么亲密，身与货都没那么重要，得与失也都不值得过分担心。

当然，老子的意思并不是说，名、身、货、得与失都毫无意义，他反对的是"甚爱"和"多藏"，也就是说，适度的名、身和货，以及对得与失的适度操心，都是正常的、合理的；但过分看重名、身、货，或者过分担心得失，都是有害的，因为过分爱重就必然导致过多耗费，聚敛的越多就会丧失的越多。

故知足不辱，知止不殆，可以长久。

因此知道满足就不会受辱，知道适时停止就不会陷入困境，这样才能长久。

第四十五章　大成若缺

原文：

大成若缺，其用不弊。

大盈若冲，其用不穷。

大直若屈，大巧若拙，大辩若讷，大赢若绌。

静胜躁，寒胜热（躁胜寒，静胜热）。清静，为天下正。

波说：

看似不完美的事物，从大道的观点来看，却往往是最完美的。我们认识问题，当从全局、长远的观点出发，方可透过现象看本质，全面、准确地把握万事万物。物壮则老，看似完美的事物，接下来往往就盛极而衰，走向没落，因此，我们在生活和工作中，也不可偏执于求全、求满，当适可而止。

大成若缺，其用不敝。大盈若冲，其用不穷。大直若屈，大巧若拙，大辩若讷，大赢若绌。

大的成就，看起来却好像有所欠缺，但它的功用却不会衰退。最充实盈满的东西，看起来却好像是虚空的，但它的作用却不会穷尽。最直的东西，看起来却好像是弯曲的；最灵巧的人，看起来却好像很笨拙；最雄辩的人，看起来却好像很木讷；最大的赢利，看起来却好像亏本。

理解本章的关键在于把握"大"的含义。大是指在时间跨度、空间维度等方面超出普通人正常的认知范围，达到可与道、天、地相匹的程度。同样的事物，看起来或成或缺、或盈或冲、或直或屈、或巧或拙、或辩或讷、或赢或绌，原因在于判断的标准不同、视角不同、境界不同。以地球为例，在常人眼里，虽然地球上会有高山河流的起起伏伏，但总体感觉大地是平的，然而，航天员从太空往下看，地球实际上是圆的。

符合道的成、盈、直、巧、辩、赢，也就是本章所说的大成、大盈、大直、大巧、大辩、大赢，在常人看来，就可能若缺、若冲、若屈、若拙、若讷、若绌。常人眼中的缺、冲、屈、拙、讷、绌，其实都是不求盈满、守柔处下的结果。

理解了上述道理，我们也就能更准确地把握"祸兮福之所依，福兮祸之所伏"的深刻内涵。眼前的祸事，从更长的时间跨度、更大的空间范围来看，可能反而是福，反之亦然。

躁胜寒，静胜热。清静，为天下正。

躁动能战胜寒冷，沉静能战胜炎热。清静是主宰、治理天下的正道。

万事万物，都有其克制因素：在寒冷的环境中，活动身体可以生热，战胜寒冷；而在炎热的环境中，身心宁静则能克服燥热。由此推论则自然可得出结论，治理纷纷扰扰的天下，清静无为才是正道。

注：

"静胜躁，寒胜热"一句，帛书本作"躁胜寒，静胜热"，文义更为顺畅，因此这里根据帛书本予以修改。

第四十六章　知足常足

原文：

　　天下有道，却走马以粪；天下无道，戎马生于郊。

　　祸莫大于不知足，咎莫大于欲得。故知足之足，常足矣。

波说：

知足才是最大的富足，知足才能获得最大的满足，知足才能摆脱物欲的桎梏，实现心灵的宁静安适，才是幸福的基础。

贪得无厌是造成争竞不休、社会混乱的最大原因。特别是身居高位之人，如果不知俭啬内守，一味放纵自己的贪欲，对社会造成的危害就会尤其严重。

天下有道，却走马以粪；天下无道，戎马生于郊。

在有道君主治理下的治世，战马被退回去运粪播种；在无道君主荼毒下的乱世，连怀孕的母马也得上战场，被迫在荒郊野外产子。

如果人君遵道而行，俭啬内守，清静无为，天下就不会有纷争，也就没有进行战争的必要。没有战争，战马也就没有用处，就可以去运粪播种，从事生产。如果人君不能遵道而行，贪得无厌，就会对外欲求不止，导致天下纷争不已，战祸连连，战马不够用，怀孕的母马也得上战场。

> 祸莫大于不知足，咎莫大于欲得。故知足之足，常足矣。

没有比不知足更大的祸患了，也没有比贪得无厌更严重的罪过了。所以知道满足的这种满足，才是持久的满足。

导致人君无道的最大根源，是永不满足的贪欲，并且为了满足自己的贪欲而对外索取无度，导致与他国的冲突，最终走向战争，结果百业凋敝，百姓生灵涂炭。因此，统治者应该俭啬内守，方可知足而不会外求无已。

第四十七章　大道之妙

原文：

不出户，知天下；不闚牖，见天道。其出弥远，其知弥少。

是以圣人不行而知，不见而明，不为而成。

波说：

本章进一步阐述了"故常无，欲以观其妙"的道理。认识道、把握道的重要途径之一，就是要认识道常无的一面。认识了道的常无，就明白了万事万物发生、发展的规律，不必亲眼所见，就能依据客观规律推知万事万物的运行情况和发展方向。

如何认识常无呢？就是要"致虚极，守静笃""涤除玄鉴"，去除杂念、排除干扰，用自己的本心去体悟大道的玄妙。

不出户，知天下；不阙牖，见天道。其出弥远，其知弥少

不出门户，就能知晓天下万物运行之道；不望窗外，就能明白天道。向外走得越远，知道的反而越少。

天地万物都遵道而行，体悟了道，就掌握了天地万物的运行规律，不用出门、不用眼见，就能根据道的规律而推测出万事万物的情况和发展方向，从而据以行事，不为而成，这就是"执古之道，以御今之有"。

为什么说"其行弥远，其知弥少"呢？人生经历愈多，阅历愈丰富，受到外界的影响也就愈多，天赋本性被污染的就愈厉害，反而迷失自己，离悟道更远，更不能行道。

是以圣人不行而知，不见而明，不为而成。

因此圣人不用出门就能知晓，不用亲眼看见就能明白，不为就能成就万事万物。

需要注意的是，"不行而知，不见而明，不为而成"是有前提条件的，只有得道的圣人，掌握了万事万物发展的规律，才能够"不行而知，不见而明，不为而成"。如果没有掌握万事万物的发展规律，是不可能"不行而知，不见而明，不为而成"的。

另外，我们虽然强调矛盾的普遍性，但也不能忽略矛盾的特殊性。掌握了普遍的规律，只能说是掌握了矛盾的普遍性，要想解决问题、建功立业，还需要掌握矛盾的特殊性。因此，要真正做到经世治国，还需要本着"常有，欲以观其徼"的原则，认真观察、研究道在天地万物中的表现。在下一章中，老子也明确表示，为学日益，说明做学问需要逐步增加自己的知识。

第四十八章　损益相辅

原文：

　　为学日益，为道日损。损之又损，以至于无为。无为而无不为（无为而无以为）。取天下常以无事，及其有事，不足以取天下。

波说：

　　为学和为道的目的不同，方法也就不同。

　　为学就是我们通常所说的做学问，侧重于在已知规律的指导下，从常有的角度，观天下万物之徼，研究万事万物的现象，透过现象探索、总结出新的、尚未被人所认识的规律。做学问的目的是为了增加所掌握的知识，知识越多，学问就越大，因此为学日益。当然，为学所得的新知识，也是属于常道的一部分，为学的最终目的，是为了更好地为道，就是第五十二章所说的："既知其子，复守其母。"

　　为道的目的是达到"无为而无以为"的上德境界，侧重于从常无的角度，体悟大道无所不在、无所不能的玄妙，因此为道的方法是逐日减损私欲、杂念和有为之为，致虚极、守静笃，使道行日益精进，也能更好地为学。

达到无为而无以为的境界之后，就能天下无事，取天下也就水到渠成。

为学日益，为道日损。损之又损，以至于无为。无为而无以为。

做学问的方法是逐日增加学问知识，悟道修道的方法是逐日减损，越损越少，最终达到无为。在无为基础上持续修行，最终实现无心而自然无为。

老子并不反对为学，而是反对会扰动百姓并且易被奸诈者利用的文饰之学，对于经世致用的学问，老子并没有表示反对。老子提出要知雄、知白，不学如何能知雄、知白？

修道可以分为三重境界：第一重，通过俭啬内守，逐日减少私欲杂念，逐日减少有为之为，达到见素抱朴、少私寡欲、绝学无忧的境界；第二重，进一步减少私欲和有为，以"有以为"的方式修行"无为"，修得"无为而有以为"的下德；第三重，在此基础上，再进一步修行，最终达到"无为而无以为"的上德。

取天下常以无事，及其有事，不足以取天下。

无事是取天下亘古不变的原则；如果有事，就不足以取天下。

志在取天下的人必须以天下无事为目标，太平无事意味着上下和谐、天下归心，天下自然也就取得了。相反，如果天下有事，则说明天下没有归心，就不能取得天下，即使勉强取得了，也会失去。

如何才能做到天下无事呢？途径就是事无事，以无事为目标去做事：第一，取天下之人不可主动生事，尽量减少对百姓的干扰；第二，采取措施使竞争者和百姓心悦诚服，不去生事；第三，如果有人生事，则应有能力解决事端，回归无事。

注：

将通行本中本章的"无为而无不为"改为"无为而无以为"，似乎更符合本章主旨，原因如下：

其一，据高明先生《帛书老子校注》，严遵本作"无为而无以为"，可证古代流传版本中有此说法；

其二，本章主旨在于探讨为道之道。老子把德分为上德和下德，"上德无为而无以为，下德无为而有以为"，以上德为修道的目标和最高境界，符合本章主旨；

其三，由有为至"无为而有以为"，进而修得"无为而无以为"，符合修道的规律。

因此，本书采用严遵本，以"无为而无以为"代替通行本"无为而无不为"。

第四十九章　摒弃成心

原文：

圣人常无心，以百姓心为心。

善者，吾善之；不善者，吾亦善之，德善。

信者，吾信之；不信者，吾亦信之，德信。

圣人在天下，歙歙焉，为天下浑其心。百姓皆注其耳目，圣人皆孩之。

波说：

以道观之，天下没有绝对的善恶，也没有绝对的对错，是非之争源于立场、视角的不同。如果能本着同理心，不以自己的主观标准或好恶评判他人，就能客观地看待人和事，理解、包容他人与自己的不同，避免不必要的是非之争，自然也就能赢得众人的支持。

> 圣人常无心，以百姓心为心。善者，吾善之；不善者，吾亦善之，德善。信者，吾信之；不信者，吾亦信之，德信。

圣人没有成心，以百姓之心为心。百姓以为善良的人，我以善良待之；百姓以为不善良的人，我也同样以善良待之，这就是善德。百姓以为诚信的人，我以诚信待之；百姓以为不诚信的人，我也同样以诚信待之，这就是信德。

圣人不抱成见，更没有偏见，不以善或恶、信或不信等主观标准把人分为三六九等，予以区别对待，而是站在对方的立场看问题，因人之性，顺其自然，这样就能人尽其才、物尽其用，"善人者，不善人之师；不善人者，善人之资"，做到"物无弃材"。

德善可以有两种理解：第一，对所有人都以善良对待，我自己自然就拥有了善德；第二，善良之人本来就以善良待我，即使是百姓认为不善良的人，由于我以善良待他，使他感化而以善良待我，他的德行改而向善，我也得到了善良对待。同理，对于德信，也可做此两种理解。无论做何种理解，就我这方面而言，始终都应以善良和诚信对待他人。

> 圣人在天下，歙歙焉，为天下浑其心。百姓皆注其耳目，圣人皆孩之。

圣人处世，俭啬内守，始终保持一颗浑然质朴之心。百姓都倾向于关注耳目感官之欲，圣人都像对待孩子那样对待他们。

圣人处世，俭啬内守，和光同尘，对百姓一视同仁，无所区分，更不加评判，因此说为天下浑其心。浑其心则无善无恶、无信无不信、无是无非，自然无思无虑。

虽然百姓都关注耳目感官之欲，也往往利用感官外察、外求，但圣人始终像对待孩子那样对待他们。人们是如何对待孩子的呢？首先，包容他们的一切；其次，养育、爱护他们；最后，引导、教育他们。这也是圣人对待百姓应有的态度。

第五十章　摄生之道

　　出生入死。生之徒，十有三；死之徒，十有三；人之生，动之于死地，亦十有三。夫何故？以其生生之厚。

　　盖闻善摄生者，陆行不遇兕虎，入军不被甲兵；兕无所投其角，虎无所用其爪，兵无所容其刃。夫何故？以其无死地。

波说：

　　最好的养生方式是忘身，恬淡清静，无思无虑，一切顺应自然。相反，如果过分追求养生，奉养生命太厚，反而导致自己进入死地，达不到养生的目的。

　　出生入死。生之徒，十有三；死之徒，十有三；人之生，动之于死地，亦十有三。夫何故？以其生生之厚。

　　脱离生地就会进入死地。在所有人之中，天生长寿并且最终也确实长寿的，大约占十分之三；天生短命并且最终也确实短命而死的，大约占十分之三；本可以长寿却因为自己进入死地而短命夭折的，大约也占十分之三。为什么会这样呢？因为后十分之三的人过分追求奉养生命。

养生不当就是脱离生地，奉养太厚则是追求养生之人最容易犯的错误。奉养太厚最主要的表现就是过分追求奉养生命或者物欲的满足，结果反而害生。一个典型的例子就是追求口腹之欲而没有节制，醇酒厚味，暴饮暴食，结果营养过剩而导致肥胖和其他富贵病。

奉养太厚的另一个表现是过分追求养生，过分养生也可分为两种情况：第一，是对自己的健康状态过于关注，害怕自己的身体出现毛病，稍觉不适就大惊小怪，导致精神紧张，反而有损于健康；第二，盲目进行各种所谓的养生行为，比如古人服食丹药，今人盲目进食各种补品等，结果服食丹药的人有可能中毒而死，吃补品的人有可能疾病缠身。

盖闻善摄生者，陆行不遇兕虎，入军不被甲兵；兕无所投其角，虎无所用其爪，兵无所容其刃。夫何故？以其无死地。

听说那些善于养护生命的人，在陆地上行走不会遇见独角犀牛、老虎等猛兽，进入军阵也不会被兵器伤害。因此犀牛的角虽坚，却无处顶撞；老虎的爪虽利，却无处扑抓；兵器虽锋利，却无从下刃。为什么会这样呢？因为善于养生的人不会进入死地。

兕虎、兵器都会伤人，可能遇到兕虎或者被兵刃加身之地就是死地。君子不立危墙之下，如果不去可能遇到兕虎或者可能被甲兵加身的地方，兕虎和甲兵也就没有机会伤人，人也就不会受到伤害，这样就是没有死地。奉养太厚就是自己主动去摸老虎屁股，也就是俗话说的自己找死。因此应该像努力避开兕虎甲兵那样，避免过分追求养生，才能外其身而身存。

有人把生之徒、死之徒解释为生机、死机，这种解释也不影响对本章主旨的理解。

第五十一章　德畜势成

原文：

道生之，德畜之，物形之，势成之。是以万物莫不尊道而贵德。道之尊，德之贵，夫莫之命而常自然。

故道生之，德畜之，长之育之，亭之毒之，养之覆之。生而不有，为而不恃，长而不宰，是谓"玄德"。

波说：

无论做任何事情，均须考虑四个方面的因素：

其一，道：先天禀赋；

其二，德：后天蓄养；

其三，物：品貌特征（内在品质、外在形态等）；

其四，势：全部环境因素综合作用而形成的势能。

成就事业的基本原则，是顺势而为。追求事业的过程，就是基于先天禀赋和后天蓄养形成的个体品貌特征（自身条件），寻找、发现能发挥自己特长和优势的大趋势，选择与大势方向一致的事业，把握、顺应大势，最终事半功倍，成就事业。

道生之，德畜之，物形之，势成之

道化生万物，德蓄养万物，品貌特征使事物成为有别于他物的个体，外界环境形成的势能，推动事物向特定方向发展，使之成为最终的模样。

道周行而不殆，化生万物，并赋予万物以本性和使命，这就是"道生一"。每个具体之物之所以能成为独特的自己，首先是因为道赋予的先天禀赋不同。一块石头，无论孵化条件如何优越，也不可能孵化出小鸡。

万物的行为与道的符合性称为德。对具体事物而言，先天禀赋来自于道所生的"一"，某一方面的先天禀赋能否得到发展，取决于后天蓄养行为：蓄养行为若与先天禀赋相符，则可使对应的先天禀赋得以发育、发展；否则，对应的先天禀赋就会萎缩，因此称为德畜之。一个受精的鸡蛋，如果按照合适的条件（温度、湿度等）孵化，就能成功孵化出小鸡，但如果把它放在天寒地冻的露天之处，则不可能孵化出小鸡。

道（先天禀赋）和德（后天蓄养）共同作用，促使万物生长、发展，形成有别于他物的品貌特征（外形、内在品质、技艺、特长等等）。如果父母都比较高（先天禀赋高），且孩子营养充足（后天蓄养方式符合道），那么孩子的身高也会比较高（品貌特征）；相反，如果父母都不高（先天禀赋矮），或者父母虽比较高，但喂养不当，造成孩子营养不良（后天蓄养方式不符合道），那么孩子一般就比较矮小（品貌特征）。

万物都生存在特定的环境之中，这些环境因素之间相互作用，会形成强大的势能，推动事物向特定方向发展，事物的品貌特征（条件、才能等）如果符合大势，就能顺势成功；如果逆势而为，则势必事倍功半。庄子在《逍遥游》里讲过一个故事，宋国有个人贩运了一批帽子到越国去，到了越国才发现，越国人都剪光头发、露着文身，根本用不着帽子，自然也就没有人买他的帽子。越国风俗决定了当地市场大势利于理发师、文身师等职业的发展，对与帽子相关的行业却是不利的。这个宋国人逆市场大势而为，结果当然只能失败。

是以万物莫不尊道而贵德。道之尊，德之贵，夫莫之命而常自然。

因此万物没有不尊崇道且重视德的。道受到尊崇，德受到重视，不是因为有人这样要求，而是自然而然的结果。

道是万物化生、成长的本源，德辅助万物依据其本性发展，因此万物尊道贵德，这是自然而然的结果。

故道生之，德畜之，长之育之，亭之毒之，养之覆之。生而不有，为而不恃，长而不宰，是谓"玄德"。

所以，道化生万物，德蓄养万物，抚育万物，安定万物，并保护万物。化生万物却不占有，有所施为却不恃其所为，为万物之长却不主宰，这就叫玄妙的德行。

第五十二章　知子守母

原文：

　　天下有始，以为天下母。既得其母，以知其子；既知其子，复守其母。没身不殆。

　　塞其兑，闭其门，终身不勤；开其兑，济其事，终身不救。

　　见小曰"明"，守柔曰"强"。用其光，复归其明，无遗身殃，是为"袭常"。

波说：

　　本章进一步解释了第一章中所说的"常有，以观其徼"。依据已知之无（天地万物的本源、规律），去研究、了解常有（天地万物）的各种现象及其运动规律，产生新的知识。这些新的知识也属于大道的一部分，丰富了我们对大道的认识。认识了天地万物的运动规律之后，应自觉遵循这些规律行事，才不会陷入困境。

本章的另一个核心思想是，要处理好入世和出世之间的关系：

第一，人生肩负着自己的天赋使命，为了完成自己的使命，成就事业，就必须入世，"以身为天下"，为所当为。为此，就必须做到知雄、知白，而为了知雄、知白，就必须研究、了解万事万物及其运动规律，才能做到因物之性、顺势而为。

第二，为了更好地完成自己的使命，并且拥有一个幸福的人生，我们在个人修养方面，应具有出世精神，节制自己的欲望，以超然的态度对待个人利益和得失，役物而不役于物。

第三，本着出世精神，就可以自觉地后其身、外其身，全身心地投入到完成其天赋使命的事业中，从而更好地入世、济世；而入世则帮助人完成其天赋使命、实现自己的生命价值，并且也能取得后其身而身先、外其身而身存的结果，个人利益成为自然而然的副产品。

第四，修炼出世之心的途径，是把各种欲求降低至最低限度，为此，必须见微知著，堵住可能导致千里之堤崩溃的蚁穴，始终俭啬内守、守柔处静。

天下有始，以为天下母。既得其母，以知其子；既知其子，复守其母。没身不殆。

天下万物都有初始本源，这个初始本源就是天下万物之母。既然知道了天下万物的本源，就可以根据本源去研究万事万物的各种现象和运行规律；在了解万事万物及其运行规律后，就应该自觉地回归、持守本源；这样就不会陷入困境或者危殆。

道是天地万物的本源，主宰着天地万物的运行。道为母为本，天下万物为子为末。

我们可以以已经了解的"道"为出发点，去研究万事万物的未知规律；通过对万事万物的研究，依据万事万物的各种现象，反推、反证现象背后的规律，从而使我们对道的认识更进一步，也能更好地遵守万事万物运行的规律，也就是谨守大道，这就是"复守其母"的含义。

塞其兑，闭其门，终身不勤；开其兑，济其事，终身不救。

堵塞外界诱惑入侵的感官通道，关闭追求欲望满足的门户，就终生不会劳碌辛苦。打开外界诱惑入侵的感官通道，追求欲望的满足，就会终身劳役而不得解脱。

"复守其母"意味着俭啬内守，谨守自己的本真、本性，切断五音、五色、驰骋田猎、难得之货等外界诱惑侵入人心的通道，从根本上堵塞产生欲求的源头，没有欲求就没有追求欲望满足的需要，自然就不会耗神费力地去追求物欲的满足，就可以无事永逸，终身不勤。相反，如果舍本逐末，开启了产生欲求的大门，就不得不劳神费力地去设法满足自己的欲望，一个欲望满足之后，又会产生新的欲望，循环无穷；一旦陷入欲望的深渊，就只能终生劳役，永远不能得到解脱。

见小曰"明"，守柔曰"强"。用其光，复归其明，无遗身殃，是为"袭常"。

能够见微知著，就是大智慧，能够守柔就叫作强大。虽然需要光照万物以察其情，但最终仍需回归、持守见小之明，以免给自己种下祸殃，这就叫作因顺常道。

如何才能做到始终持守大道、不为物欲所累呢？最重要的途径就是做到两点：见小和守柔。千里之堤毁于蚁穴，深陷物欲泥潭之人，都是从追求小的欲望满足开始，最终一步步滑向欲望的深渊。做到见微知著，就能防微杜渐，从源头上杜绝对物欲的追逐。守柔就是做到第十章中所讲的"天门开阖，能为雌乎？"，要求我们致虚极、守静笃，以无疵的玄鉴，忠实、客观地观照外物，而不要被外物所诱惑，更不要主动去追逐外物。

因此，虽然我们需要用智慧之光，去研究、认识万事万物，但其目的是为了更进一步地了解常道，特别是天下万物的属性和运行规律，从而更好地遵道行事，因此，我们应始终不忘初心，持守见小之明、守柔之强，把自己从无休止的欲求和无意义的事务中解脱出来，以免给自己带来祸患。

第五十三章　好径则失

原文：

使我介然有知，行于大道，唯施是畏。

大道甚夷，而人好径。朝甚除，田甚芜，仓甚虚；服文彩，带利剑，厌饮食，财货有余，是为盗夸，非道也哉！

波说：

大道才是通达的坦途，但人却总喜欢自作聪明，喜欢走捷径。殊不知，投机取巧可能得逞于一时一事，但从长远来看，可能反而会得不偿失。

使我介然有知，行于大道，唯施是畏。大道甚夷，而人好径。

但凡稍微有些见识的人，都会沿着大道而行，唯一害怕的是误入歧途。大道虽然十分平坦，人们却总是喜欢抄小路、走捷径。

> **朝甚除，田甚芜，仓甚虚；服文彩，带利剑，厌饮食，财货有余，是为盗夸，非道也哉！**

统治者的宫廷高大巍峨，百姓却田园荒芜、仓廪空虚；统治者穿着华丽的衣服，佩戴着锋利的宝剑，享受着吃不完的美食，占有着用不完的财货。这样的统治者就是强盗头子，完全不符合大道啊！

对于治理国家的统治者而言，他的言行更是关系到天下苍生，如果统治者不走正道，摒弃俭啬内守，就会骄奢淫逸，对外索求无度，结果就是统治者建起了巍峨高大的宫殿，穿着华丽的衣服，佩戴着锋利的宝剑，享受着吃不完的美食，占有着用不完的财货，而这些必然都是建立在对百姓横征暴敛的基础上，百姓在统治者的无情压榨下，田园荒芜，仓库空虚，食不果腹。这样的统治者不但不是一个好的君主，简直就是强盗头子，最终结果必然会招致百姓的反抗。

统治者也是人，拥有人类的各种欲望和私利，如果统治者不能自律，而且也没有有效的制约机制，那么统治者往往会欲望膨胀，最终为了追求私欲的满足而偏离治国大道，结果导致百姓生计艰难，社会动荡不安，统治者最终很可能落个身死国灭的下场。因此，统治者更应该注重自我修养，俭啬内守，以无欲、好静、无为、无事为原则，遵循正道去治理国家。

第五十四章　齐家治国

原文：

善建者不拔，善抱者不脱，子孙以祭祀不辍。

修之于身，其德乃真；修之于家，其德乃余；修之于乡，其德乃长；修之于邦，其德乃丰；修之于天下，其德乃普。

故以身观身，以家观家，以乡观乡，以邦观邦，以天下观天下。吾何以知天下之然哉？以此。

波说：

人生在世，须臾不可偏离大道。修身、齐家、治国、平天下，都须遵道而行，方可家国永固，事事通达。

善建者不拔，善抱者不脱，子孙以祭祀不辍。

善于建树的人，其所建树之物不可被拔起；善于抱持的人，其所抱持之物不会脱落；如若世世代代都能像善建者、善

抱者那样谨守大道而须臾不离，自然就能家国永固，子嗣绵
延，香火不绝。

无论人遵道与否，道始终主宰着天地万物。善于建树的
人，遵道而行，其效果就是深根固柢，所建树之物牢不可拔。
善于抱持的人，也是遵道而行，因物之性，顺势而为，无需用
力，所抱之物自然不会脱落。因此，人应该像善建者、善抱者
那样，坚守大道，片刻不离，如此则家国永固，传承不绝。

**修之于身，其德乃真；修之于家，其德乃余；修之于乡，
其德乃长；修之于邦，其德乃丰；修之于天下，其德乃普。**

以道修身，德行就纯真；以道治家，德行就充足；以道治
乡，德行就久长；以道治国，德行就丰沛；以道治天下，德行
就周普。

以道修身、治家、治乡、治国、治天下，就能分别取得德
行纯真、充足、长久、丰沛、周普的效果。

**故以身观身，以家观家，以乡观乡，以邦观邦，以天下
观天下。吾何以知天下之然哉？以此。**

因此根据我的情况，就可推知别人的情况；根据我家的情
况，就可推知别家的情况；根据我乡的情况，就可推知别乡的
情况；根据我国的情况，就可推知别国的情况；根据今日天下
的情况，就可推知未来天下的情况。我如何能推知天下的情况

呢? 就是根据这个道理。

　　人同此心，心同此理，察己可以知人。我自己是否遵道修身、齐家、治乡、治国、治天下，结果是不同的：遵道则德行纯真、充足、长久、丰沛、周普；不遵道则结果完全不同。据此也可以推知，他人、他家、他乡、他国的情况也无不如此。依据今日天下的情况，也可以推知过去或者未来天下的情况。这就是"不出户，知天下；不阚牖，见天道"。

第五十五章 知和曰常

含德之厚，比于赤子。毒虫不螫，猛兽不据，攫鸟不搏。骨弱筋柔而握固，未知牝牡之合而朘作，精之至也。终日号而不嗄，和之至也。

知和曰常，知常曰明。益生曰祥，心使气曰强。

物壮则老，谓之不道。不道早已。

波说：

修身养性，当效法初生婴儿，无思无虑、不造不作，一切纯任自然，则内可阴阳调和，外与万物和谐相处。

含德之厚，比于赤子。毒虫不螫，猛兽不据，攫鸟不搏。骨弱筋柔而握固，未知牝牡之合而朘作，精之至也。终日号而不嗄，和之至也。

德行深厚的人，就如同初生的婴儿：毒虫不会蜇刺他，猛兽不会扑咬他，猛禽不会抓攫他；筋骨柔弱却能拳头紧握，不知男女交合之事却阴茎翘挺，这是精气充足之至的缘故；整天号哭嗓子却不会嘶哑，这是阴阳和谐之极的缘故。

初生婴儿无思无虑，没有丝毫的机心和伪行，饿了就吃，困了就睡，高兴了就笑，不高兴了就哭，一切顺其自然，完全契合大道。具体而言，他没有自我意识，更没有物我之间的封界，所以能与万物和谐相处，毒虫、猛兽、猛禽也都不会伤害他；他纯然守一，不受任何干扰，精气得到保全而始终充足，因此能握固、脧作；他的一言一行都纯任自然，他的号哭也是自然而然，不会故意嚎叫，因此号哭也是自然和顺的，不会伤害自己，当然也不会嗓子嘶哑了。

知和曰常，知常曰明。

达到阴阳和谐乃是恒常之道，了解恒常之道才算是大智慧。

万物负阴而抱阳，阴阳二气交互作用，若无人为干预，则自然可以保持阴阳平衡、和谐的状态；相反，如果不能遵道而行，实施益生、心使气等行为，就会人为地破坏阴阳平衡，导致病态。

益生曰祥，心使气曰强。物壮则老，谓之不道。不道早已。

人为地增加生命之欲、生命之得，都不会有好结果；任性使气就叫作逞强。事物达到盛壮状态就会开始衰老，这就叫作背道，背道就会提早灭亡。

与赤子相反，很多人自以为聪明，放纵私欲膨胀，殚精竭虑地追求私欲的满足，而且通过各种人为方式来增加生命的奉养，试图延年益寿或提高生命的各种能力，或者追求更多的生命享受等等，这些都违背大道，结果只能适得其反，所以说"益生曰祥"。祥的本义是吉利、吉祥，也可引申泛指征兆，而征兆有吉有凶，因此祥字在古代也有凶邪、不吉的意思，这里就是取其凶邪不吉之意。

如果对七情六欲无所节制，任由情欲滋长蔓延，就会脱离无思无虑、处静守柔的和谐状态，转而向外索求，追逐物欲的满足，或者意气用事，任性逞强，最终不会有好的结果，因为事物盛壮就会走向衰败，这是自然规律。

第五十六章　圣人玄同

原文：

知者不言，言者不知。（塞其兑，闭其门，）挫其锐，解其纷，和其光，同其尘，是谓"玄同"。

（是以圣人方而不割，廉而不刿，直而不肆，光而不耀。）（其不欲见贤。）故不可得而亲，不可得而疏；不可得而利，不可得而害；不可得而贵，不可得而贱。故为天下贵。

波说：

君子温润如玉：方而不割、廉而不刿、直而不肆、光而不耀。

遵道修身，当知雄守雌、知白守辱，不要对人品头论足，不要对人指手画脚，更不要索隐行怪，如此方可与群众打成一片，获得众人拥戴而成器长。

> **知者不言，言者不知。挫其锐，解其纷，和其光，同其尘，是谓"玄同"。**

明道的智者不多言，多言者不是明道的智者。打磨消除逼人的锐气，理顺、简化与他人之间的关系，收敛耀眼的光芒而使自己变得柔和，混同于世俗之中而不故作高深，这就叫作玄同。

行道之人遵道而行，顺应自然，处无为之事，行不言之教。言就意味着对人对物进行评价或者发号施令，就违背了大道顺其自然的原则，因此智者不为。

修道的过程就是为道日损的过程，通过体道、悟道，遵循大道顺其自然的原则，消除自己的主观、有为之性，最终消除自己咄咄逼人的锐气；理顺、简化与他人之间的关系而不与他人产生纠纷；使自己光芒内敛；去除物我之间的封隔和疆界，与万物混同为一，和谐相处；这就是玄同的境界。"同其尘"的尘字，在此的意思是代表人类社会的尘世，"人之所畏，不可不畏"，同其尘就是把自己融入人类社会之中，不自以为高洁而索隐行怪、特立独行。

> **是以圣人方而不割，廉而不刿，直而不肆，光而不耀。其不欲见贤。**

因此圣人品行端方却不生硬，清廉耿介却不刻薄，正直坦诚却不放肆，璀璨明亮却不刺眼。他无意表现自己的贤能。

达到玄同境界的圣人，虽然品行端方、清廉耿介、正直坦诚、才高德厚，却无意表现自己的贤能，因此他的外在表现就是方而不割、廉而不刿、直而不肆、光而不耀。怎么才能做到这样呢？具体方法就是"挫其锐，解其纷，和其光，同其尘"："挫其锐"则不割，"解其纷"则不刿，"和其光"则不耀，"同其尘"则不肆。

故不可得而亲，不可得而疏；不可得而利，不可得而害；不可得而贵，不可得而贱。故为天下贵。

因此对于行道之人，世俗之人既不能亲近他，也无法疏远他；既无从帮助他，也不能伤害他；既不会崇拜他，也不能轻贱他。正因为如此，他才会受到天下人的尊重。

对于这样品行端方、清廉耿介、正直坦诚、才高德厚的得道之人，普通人自然不愿意疏远而愿意亲近他。然而他却顺应自然，"视百姓如刍狗"，周而不比，因此人们也无法与他过于亲密，更不可能亲密到失去应有尊重的程度。

得道之人无私无欲，超然物外，"处无为之事，行不言之教"，因此人们既无从帮助他，也无从伤害他；既不会崇拜他，却也无法轻贱他。

这就是"古之善为道者，微妙玄通，深不可识"的境界，达到这个境界的人，如神龙见首不见尾，人们对他只有仰望，既不能亲近、又不能疏远；既无从帮助、又不能伤害；既不能崇拜、又不能轻贱。

如同知雄守雌、知白守辱一样，不割、不刿、不肆、不耀的前提，是方、廉、直、光，内心始终坚守自己的原则和底线。如果不能坚守自己方、廉、直、光的原则，不割、不刿、不肆、不耀就变成了随波逐流的世故、油腻、圆滑，不可能受到天下人的敬重。

注：

"是以圣人方而不割，廉而不刿，直而不肆，光而不耀。"原来在第五十八章，因与本章文义相符，故移至此。

"其不欲见贤"原在第七十七章，但与第七十七章的文义不符，故移至此。

"塞其兑，闭其门"已见于第五十二章，此处与上下文不符，故删去。

第五十七章　治国之正

以正治国，以奇用兵，以无事取天下。吾何以知其然哉？以此：天下多忌讳，而民弥贫；人多利器，国家滋昏；人多伎巧，奇物滋起；法令滋彰，盗贼多有。

故圣人云："我无为，而民自化；我好静，而民自正；我无事，而民自富；我无欲，而民自朴。"

（其政闷闷，其民淳淳；其政察察，其民缺缺。）

波说：

为人处世当灵活变通，顺势而为。针对不同情况，应采取不同策略：治国当守正道，用兵当用奇谋，取天下当以无事。

内部治理可效法治国之道，处理竞争或者敌对关系可参照用兵之法，处理内外关系当以无事为总原则。

以正治国，以奇用兵，以无事取天下。

依据正道治理国家，利用奇谋用兵打仗，凭借无事获取天下。

治国、用兵和取天下是统治者可能会面对的三大主要任务或场景，在不同场景中，应遵循不同的原则。

治国当正，何为大道之正？就是圣人所说的无为、好静、无事、无欲。无为好静，不凭自己的个人好恶或主观臆断去制定繁苛的法令，也不以"尚贤"或者提倡仁义礼智信等名义实施所谓的教化，百姓就会依其天赋本性，自然繁衍生息，实现自化、自正；无事无欲，不放纵自己的私欲，也就不会为了满足一己之私而横征暴敛，而是通过身教使社会形成淳朴、节俭的风气，实现百姓的自富、自朴。相反，如果统治者不能以正治国，对己放纵私欲、骄奢淫逸，对外依靠所谓的圣智治国，政令繁苛，必然导致"天下熙熙皆为利米，天下攘攘皆为利往"，结果就是民弥贫、国家滋昏、奇物滋起、盗贼多有。

用兵的目的是"善有果"，就是要战胜对手，自然需要遵循用兵的规律，以奇计诡谋让对手捉摸不透、防不胜防，最终获得胜利。

什么叫以无事取天下？就是第四十八章所说的"取天下常以无事"。若要取得天下，就必须以天下无事为目标，天下无事意味着上下和谐、天下归心，天下自然也就取得了。

吾何以知其然哉？以此：天下多忌讳，而民弥贫；人多利器，国家滋昏；人多伎巧，奇物滋起；法令滋彰，盗贼多有。

我怎么知道是这样的呢？就是根据下面这些现象得出的结论：天下禁忌愈多，百姓就愈加贫穷；人们利己的手段愈多，国家就愈加混乱；人们智巧愈多，邪事奇物就愈多；法令愈繁苛，盗贼也就愈多。

老子提出以正治国的主张，不是主观臆断，而是基于对社会现实的客观观察和冷静思考得出的结论。统治者的有为、妄动、多事、多欲，是导致社会纷扰动乱的根源。

故圣人云："我无为，而民自化；我好静，而民自正；我无事，而民自富；我无欲，而民自朴。"

因此圣人才说：我若无为，百姓就会自我繁衍生息；我若喜欢清静，百姓就自然走正道；我若不生事，百姓就自然富足；我若不放纵私欲，百姓就自然淳朴。

治国的正道，就是要求统治者无为、好静、无事、无欲，这样百姓就会自化、自正、自富、自朴。

其政闷闷，其民淳淳；其政察察，其民缺缺。

政令简约宽容，百姓就质朴淳厚；政令繁杂严苛，百姓就奸诈狡猾。

统治者做到了无为、好静、无事、无欲，落实到具体的治理方法，就是"悠兮其贵言"，表现出来就是"其政闷闷"，这样的统治者就是百姓"不知有之"的"太上"；为政者如此，百姓自然也不事巧诈伪行，民风自然就淳朴。反之，如果统治者妄为、轻率躁动、多事、纵欲，就只能"以智治国"，表现出来就是"其政察察"，百姓就只能依靠巧诈伪行来对付统治者。

注：

通行本第五十八章中的"其政闷闷，其民淳淳；其政察察，其民缺缺"，从文义上看，与本章联系更紧密，故移至此。

第五十八章　祸福相依

原文：

（其政闷闷，其民淳淳；其政察察，其民缺缺。）

祸兮，福之所倚；福兮，祸之所伏。孰知其极？其无正也。正复为奇，善复为妖。人之迷，其日固久。

（是以圣人方而不割，廉而不刿，直而不肆，光而不耀。）

波说：

反者道之动，事物都是始终处于运动变化之中的，都在不断地向自己的对立面转化。明白这个道理，我们就能自觉地保持淡泊宁静的心境、超然物外的态度，既不会因一时的成功而沾沾自喜，又不会因一时的挫折而沮丧失落；得意时留一分清醒，失意时多一分淡定。如此方可处变不惊，始终为所当为，成就大业。

祸兮，福之所倚；福兮，祸之所伏。

祸事中蕴含着致福的种子，好事中隐藏着致祸的根苗。

祸福相依，是"反者道之动"的具体表现之一。万物负阴而抱阳，任何事物之中都包含正反两个方面的因素，或者说都包含阴阳，正或阳的因素促进事物发生、发展而成就自己，反或阴的因素则促进事物衰败或者向自己的对立面转化。祸之中也包含福的因素，福之中也包含祸的根苗，如果条件合适，祸可以转变为福，福也可以转变为祸。塞翁失马的故事，值得我们反复参详、铭记。

孰知其极？其无正也。正复为奇，善复为妖。人之迷，其日固久

谁知道最终是什么结果呢？可能没有一定之规。正可以转化为邪，善可以转化为妖。人们不明白这个道理，确实已经很久了。

奇与正相对，意思是不正，不符合正道。正之中含有奇的因素，善之中也包含妖的因素，随着事物发展，如果各方面条件使得奇和妖的力量得以成长，最终正和善也可以转化为奇和妖。

需要注意的是，祸福、正奇、善妖等之间的转换，不是转换一次就结束了，而是循环往复、无穷无尽的，正所谓"玄

之又玄"，因此说祸福、正奇、善妖不是绝对的，而是会因情
因势变化，始终处于变动、转换的过程中，既没有确定的结
果，也不可能知道最终的结果。

明白了这个道理，自觉地从更高、更长远的角度去认识事
物，就不会因一时的成功而沾沾自喜，也不会因一时的挫折而
沮丧失落。既然祸福、正奇、善妖的相互转换是循环无穷的，
那么一方面，应该设法创造条件，使之利于福、正、善等因素
的成长、保持，抑制祸、奇、妖等因素的发展；另一方面，未
雨绸缪，在祸、奇、妖等不可避免地到来之前，做好最坏的
打算。

注：

"其政闷闷，其民淳淳；其政察察，其民缺缺"与第五十
七章文义相符，故移至第五十七章。

"是以圣人方而不割，廉而不刿，直而不肆，光而不耀"
与第五十六章文义相合，故移至第五十六章。

第五十九章　啬以守常

波说：

俭啬内敛，是养生、修身和处世都应遵循的基本准则。

治人事天，莫如啬。

治理人事和敬事天地自然，没有比啬更重要的了。

遵道而行是治人事天的总原则，啬则是修道、行道最重要的方法。什么是啬呢？啬的本义是爱惜而不浪费，就是要爱惜自己的身体、爱惜自己的精神、爱惜自己的言语、减少自己的行为等等，对内表现为淡泊宁静、少私寡欲、无思无虑，对外表现为无欲、无事、无为，其根本原则是守中内敛而不外求。

治人就是处理与人类社会相关的事务，主要包括治国理事和处理人际关系两个方面。就治国理事而言，啬首先表现为贵言、无为、无事，不轻易发号施令，更不要以繁苛的法令和禁忌去扰民；其次表现为好静、无欲，也就不会对百姓需索无度，更不会横征暴敛，使百姓得以自化、自正、自富、自朴，最终"功成事遂，百姓皆谓我自然"。就处理人际关系而言，啬首先表现为守柔处静，"行不言之教"，不以自己的好恶或者主观标准对他人品行妄加评价，不对他人指手画脚，更不要干涉他人的事务和行为；其次要本着"圣人执左契而不责于人"的原则，与人为善，不苛责于人，尽量少为甚至不为，在不得不为时，也要效法水德，做到因物之性、"为而不争"。

事天的第一个方面是养生和修身，人的生命和身体由道化生而来，是大道的一个部分，养护天赋的生命和身体，乃是事天的一个部分。对于养生和修身而言，啬首先是要"载营魄抱一"，谨守自己的本真，持中守静，少私寡欲，不受外界纷纷扰扰的干扰，也不受各种可欲的诱惑，从而尽可能减少精神和身体的损耗，保持元气充盈、阴阳调和、形神俱全而达到全生、长寿的目的。

事天的第二个方面可以理解为处理人类与天地万物之间的关系，只要本着啬的精神，既不人为地干涉天地万物，又不向天地万物需索无度，自然能与天地万物和谐相处，任其自然繁衍生息。

> 夫唯啬，是谓早服；早服，谓之重积德；重积德，则无不克；无不克，则莫知其极；莫知其极，可以有国；有国之母，可以长久。是谓深根固柢、长生久视之道。

只有啬，才能从最初阶段就顺应大道；从最初阶段就顺应大道，就会在治人和事天两个方面都聚集起符合大道的德行；两方面的德行都符合大道，就能万事皆通，无所不能；无所不能就没有人知道他的能力极限；没人能知道他的能力极限，就可以取得或者保有国家；了解并遵循保有国家的根本大道，就可以长治久安。这就是深根固柢、长生久视之道。

本着啬的原则行事，意味着从一开始就服从、遵循大道，也就是始终遵循大道，这样就能在治人和事天两个方面重积德。要理解重积德的意思，首先需要正确理解德的含义。德可以理解为契合于道的品行，人的言行符合大道就叫有德，否则便是失德。因此重积德的意思就是，在治人和事天两个方面的言行都符合大道，这样自然就无所不通、无所不克、无所不能，无为而无不为，其德行和能力就会深不见底、神秘莫测，就会得到天下人的拥戴而成为天下之主。本着啬的原则去治理天下，就能长治久安。所以说，啬是实现深根固柢、长生久视的核心之道。

第六十章　不扰自宁

原文：

治大国，若烹小鲜。

以道莅天下，其鬼不神。非其鬼不神，其神不伤人；非其神不伤人，圣人亦不伤人。夫两不相伤，故德交归焉。

波说：

世上本无事，庸人自扰之。少说、少动是治国的最高原则。我们为人处世，当遵循这一原则，处无为之事、行不言之教，仅仅为所不得不为。

治大国，若烹小鲜。

治理大国应该像煎小鱼那样，避免不必要的翻炒。

煎小鱼应该尽量避免翻动，否则鱼就会被翻得稀烂而不成形。治国也是如此：如果以圣智治国，推行仁义之学，百姓就会投机取巧，社会就会纷纷扰扰，不得安宁；如果政令频出甚至朝令夕改，百姓就会无所适从甚至各行其是，国家也就变得支离破碎。

> 以道莅天下，其鬼不神。非其鬼不神，其神不伤人；非其神不伤人，圣人亦不伤人。夫两不相伤，故德交归焉。

遵道治理天下，鬼神就不灵验了；不是鬼神不灵验了，而是鬼神即使灵验也不能伤害人；不是鬼神的灵验不伤害人，其根本原因是圣人不伤害人。鬼神和圣人都不伤害人，二者对百姓交替影响，就会一起促进百姓自觉遵道而行。

因此统治者须遵道而行，无为、好静、无事、无欲，从而使百姓自化、自正、自富、自朴，这样各种怪力乱神就失去了兴风作浪的基础和条件，无法扰乱百姓的心神，更不可能伤害百姓。统治者和鬼神都不伤害百姓，就能交替对百姓施加正面影响，强化百姓遵道而行的自觉性，这就如同把遵道的德行馈赠给百姓一样。

第六十一章　大邦宜下

原文：

大邦者下流，天下之牝，天下之交也。牝常以静胜牡，以静为下。

故大邦以下小邦，则取小邦；小邦以下大邦，则取（于）大邦。故或下以取，或下而取。大邦不过欲兼畜人，小邦不过欲入事人，夫两者各得所欲。大者宜为下。

波说：

谦柔处下的原则，不仅适用于人际关系，也同样适用于国际关系。在国与国之间的交往过程中，无论大国小国，都应恪守柔静、处下的准则，方可建立和谐持久的国际关系。

大邦者下流，天下之牝，天下之交也。

大国要像大海一样处于下游之地，下游之地属于雌柔的位置，是天下交汇之所。

柔静、谦下在国与国之间的交往中同样具有强大的功用。特别是大国，要以海纳百川的胸怀，包容、尊重天下之国，方可在国际上赢得广泛的信任和尊重，广交朋友。

牝常以静胜牡，以静为下。

雌性常常凭借柔静战胜雄性，就是因为持守柔静就能谦退、处下。

故大邦以下小邦，则取小邦；小邦以下大邦，则取（于）大邦。故或下以取，或下而取。

因此，大国若以谦下的态度对待小国，就能得到小国的归依；小国若以谦下的态度对待大国，就能为大国所容。所以国虽有大小，但谦退处下都能起到很好的作用：大国谦下则能受到小国拥戴，小国谦下则能为大国所容。

大邦不过欲兼畜人，小邦不过欲入事人，夫两者各得所欲。大者宜为下。

大国不过想要聚集统领小国，小国不过想要侍奉大国。大国小国都可以实现自己的愿望，大国更应该保持谦下。

但是，我们应该清醒地意识到，本章所言的谦退，是具有前提条件的，即大国和小国的统治者都以百姓的安乐为目标，都遵道而行，特别是两国之间要能保持某种均势，可以相互制衡。否则，某一方谦退处下的结果可能就不会是大邦兼畜小邦、小邦入事大邦的和谐局面，而是征战不休、生灵涂炭、国破家亡的悲惨状况。因此，在国与国交往中，谦下、守雌固然重要，但更重要的是知雄；无论大邦还是小邦，唯有知雄而内强，方能通过对外守雌、谦下，而实现与他国和平共处的目的。

历史上，南唐李景、李煜父子对北宋王朝可谓谦下之至，不仅对北宋称臣纳贡，而且极尽卑躬屈膝之能事，每逢北宋发生大事小情，都会派使者携带大量金银财宝去朝贡，就连北宋一个宫殿（文明殿）落成，也派人送去贺银万两；在北宋灭掉南汉之后，还主动请求取消了国号，甚至在北宋的南征大军已经出发之后，还派人进贡了数万匹绢和数百件御衣及金银器皿。然而，南唐政权仅仅满足于苟且偷安，却不知奋发图强，虽然谦下又谦下，最终还是难逃被北宋灭亡的命运。反观宋太祖赵匡胤是怎么做的呢？由于当时北宋刚建国，天下除了南唐之外，还存在后蜀、北汉、南汉、吴越等其他政权，再加上契丹人的经常骚扰，北宋在当时根本无暇顾及南唐，因此对南唐采取了怀柔政策，温言抚慰，时常赏赐一些牛羊等物品，稳住南唐君臣。但是，宋太祖并未止于怀柔，而是时刻都在暗中备战，从《宋史》中可以看出，宋太祖不仅经常驾幸造船务，而且从内府中拨出经费，开凿习战池，用于训练水战，做好南征的准备，这才能在时机成熟时，一举攻灭了南唐。

这个例子也充分说明，在国与国的关系中，知雄方能守雌，能战方能止战。

注：

通行本作"故大邦以下小邦，则取小邦；小邦以下大邦，则取大邦"，帛本作"故大邦以下小邦，则取小邦；小邦以下大邦，则取于大邦"。综合全章分析，帛书本的文义与上下文之间更契合，因此本章按照帛书本更正。

第六十二章　大道不辩

原文：

　　道者，万物之奥，善人之宝，不善人之所保。

　　美言可以市尊，美行可以加人，人之不善，何弃之有？故立天子，置三公，虽有拱璧以先驷马，不如坐进此道。

　　古之所以贵此道者何？不曰：求以得，有罪以免邪？故为天下贵。

波说：

道无处不在、无时不在，主宰一切。

道无所偏私，不问行事主体、不问行事目的，只问言行是否符合于道：言行合道则可"求以得，有罪以免"。

因此，凡事都须遵道而行，不可须臾偏离大道。

道者，万物之奥，善人之宝，不善人之所保。美言可以市尊，美行可以加人，人之不善，何弃之有？

道是万物的主宰，既是善人的珍宝，也是不善人的依靠。动听的言辞可以博取声名，良好的行为可以博得人们的尊重；即使是不善之人，道又何尝抛弃过他？

无论何人、无论目的如何，只要言行符合于道，就能获得良好的名声和众人的尊重。这充分说明道是无处不在、主宰一切的，不以人的意志为转移。

故立天子，置三公，虽有拱璧以先驷马，不如坐进此道。

因此，立天子、置三公以治理天下，如其进献拱璧、驷马高车之类的珍宝，还不如向他们进献此道。

道是如此的重要，对于治理天下的天子、三公们，如其向他们进献贵重宝物，不如进献此道。对于"拱璧以先驷马"，可以理解为贡献拱璧、驷马高车之类的宝物，也可以理解为以"拱璧在先、驷马在后"的隆重礼仪向天子、三公致敬，两种理解都不影响对本章内涵的理解。

古之所以贵此道者何？不曰：求以得，有罪以免邪？故为天下贵。

古代之所以重视道的原因是什么呢？不就是说：有求可以

赖道有得、有罪可以赖道得免吗？因此，道才被天下人所珍视。

　　善人始终遵道而行，有所求必有所得。不善之人的遵道行为虽目的不纯，但只要其行为符合大道，也可免遭祸患。因此，无论其行为的目的如何，只要行为符合大道，就可以求以得、有罪以免，所以道被所有人所重视。

第六十三章　成事之道

原文：

　　为无为，事无事，味无味。

　　大小多少。（报怨以德。）图难于其易，为大于其细。天下难事，必作于易；天下大事，必作于细。是以圣人终不为大，故能成其大。

　　夫轻诺必寡信，多易必多难。是以圣人犹难之，故终无难矣。

波说：

　　成就事业的总体原则是：以无为之道为指导方针，以"事无事"为实施无为之道的基本策略，以"味无味"作为锤炼"事无事"能力和实施"事无事"策略的具体方法。

　　具体而言，成就大事的基本原则是：图难于其易，为大于其细。要想成就大事，当从小事做起；要想完成难事，当从易处入手。做任何事情，都应从大处着眼、从小处入手，在开始阶段给予充分重视，充分估计可能遇到的困难，从全局考虑，细心谋划，周密部署，最终才能获得成功。

为无为，事无事，味无味。

以无为之道去作为，以无事为具体目标去行事，从无味中细品滋味。

为无为、事无事、味无味三者之间，彻底的无为是终极目标，无为之道是做事的指导方针；"事无事"是"为无为"的具体策略，是通向"无为"这一目标的途径；"味无味"则是"事无事"的有效手段。要想彻底无为，就需要实现天下"无事"，而"味无味"是实现天下"无事"最有效的手段。

"为无为"的意思是遵循无为之道，以最终实现彻底不为为目标而作为。彻底不为是有条件的，只有在上上下下都遵道而行的环境中，才能彻底地不为，任由百姓自然、和谐地繁衍生息。如果人人都为了名利而尔虞我诈，巧诈伪饰横行，这个时候彻底不为，恐怕只能是掩耳盗铃，只会纵容、助长天下的纷纷扰扰。因此，为了实现彻底不为的目标，必须要有所作为。当然，正如我们前面所言，应该遵循无为之道，把作为限制在最低限度，为所不得不为，而且所有的作为都应当因物之性、顺势而为，从而做到为而不争，为而无迹。

"事无事"的意思是，要以无事为目标去积极做事。无为之道的基本原则之一是为所当为。那么如何判断何时该为、何事当为呢？是否有事就可以作为判断依据。事物在符合道的方向和轨道上有序地运行，就是无事；如果偏离了大道或者出现了偏离大道的征兆，就是有事。无为的前提是无事，换句话讲，把彻底不为这一终极目标转化为可操作性的具体目标，就是无事。事无事包含有三层意思：首先，知雄守雌，清静无为，不主动生事，尽量减少对百姓的干扰；其次，知白守辱，始终后其身、外其身，始终遵道行事，使人心悦诚服，不来生事，正所谓"执大象，天下往，往而不害安平太"；最后，确保自己知雄、知白，如果有人生事，则有能力解决事端，回归无事。

"味无味"包含三层含义：其一，以无味为味，不追求五色、五音、五味等物欲的满足，代表了俭啬、超然的态度；其二，能够从无味中细品出滋味，则代表了敏锐的综合感知能力；其三，像重视大事一样重视小事，代表小处入手的工作方法。

为什么说"味无味"是实现"事无事"的有效手段呢？首先，统治者以无味为味，就能降低对物欲的追求，自觉地俭啬内守，做到无欲、无事、无为，把对百姓的索求和干扰降至最低限度，从而避免了主动生事；其次，以无味为味，脱离了物欲的桎梏，就能拥有从无味中细品出滋味的综合感知能力，就能从细微之处察知可能有事的征兆和苗头，发出预警；最后，在察知偏离正轨的征兆时，或者坏事处于萌芽状态时，及时采取预防或干预措施，就可以以最小的代价，把坏事无声无息地消灭在萌芽之中，保证事情在正确轨道上有序发展。

大小多少。图难于其易，为大于其细。天下难事，必作于易；天下大事，必作于细。

视小为大，以少为多。要想处理难事，就要趁它容易处理的时候着手；要想成就大事，就要从细小之事做起；因为天下的难事，都必定是从易事发展而成；天下的大事，都必定是从小事发展而来。

"味无味"的工作方法，就是要像重视大事那样重视小事，像重视多数那样重视少数。"大小多少"也有两层含义：第一层含义是，要充分重视细小的苗头或者征兆，如上一段所言，在事情出现偏离正轨的征兆时，或者坏事处于萌芽状态时，要给予充分重视，及早采取对策；第二层含义是，难事和大事都是从容易之事、细小之事发展而来，因此为了处理难事、完成大事，必须在最初阶段就给予充分重视，谨慎行事。

难事不是从一开始就是难事，而是从易事逐步转化而来；大事也不是在一开始就是大事，而是从小事逐步发展而来。只要从易事、小事做起，最终就能处理难事、成就大事。换而言之，做事情要把握两大原则：首先，把大目标分解为一个个具体的小目标，从易事、小事做起，积小胜为大胜，最终能成就大功；其次，要在一开始就充分估计困难，审慎行事，最终反而能避免遇到大的困难。

是以圣人终不为大，故能成其大。

圣人从来都不是仅仅着眼于大事而忽略小事，所以才能成就伟大的事业。

正因为明白上述道理，所以圣人做事从来都是从大处着眼、从小处入手，脚踏实地，一步一个脚印地走向成功，最终成就伟大的事业。

夫轻诺必寡信，多易必多难。

如果一个人经常轻率地做出承诺，那么他必然很少能信守承诺；如果把事情看得过于容易，就必定会遭遇众多困难。

轻易做出承诺的人，在做出承诺的时候，并不一定主观上就不打算遵守承诺，而往往是因为他把事情想得过于简单、容易，结果实行起来遇到种种困难，举步维艰，最终无法信守承诺。

战国时期，赵国名将赵奢的儿子赵括，自幼熟读兵书，自以为天下无人能及。他曾经与父亲赵奢讨论兵法，讲得头头是道，赵奢也难不倒他。但赵奢却始终不认为赵括能成为善于用兵的良将。赵括的母亲询问原因，赵奢回答说，用兵是关乎生死的大事，赵括却视同儿戏般容易，赵国不用赵括为将则已，如果将来用赵括为将，葬送赵军的一定是赵括。后来在与秦国交战时，赵王中了秦国的反间之计，不听赵括母亲的劝谏，执意任用赵括为赵军统帅，抵抗秦军。赵括上任之后，放弃前任廉颇坚壁防守的正确策略，轻率地主动出击，结果导致自己兵败身死、四十万赵国降卒被秦军坑杀的悲惨后果。

正所谓多易必多难，赵括之所以失败，一个很重要的原因就是把用兵想得过于简单。按照他母亲的话，他在接到任命后，不是像他父亲那样一心扑在军事上，而是处处讲究主帅的排场，忙于用国王的赏赐置办田宅；到任以后，又轻率地出击，兵败身死就不足为怪了。

是以圣人犹难之，故终无难矣。

因此圣人充分重视可能遇到的困难，结果反而不会遇到困难。

因此，我们应该向圣人学习，从一开始就充分估计可能遇到的困难，做好充分准备，最终才能做好事情，遵守诺言。

注：

"报怨以德"与上下文不符，疑为第七十九章错简，故移至第七十九章。

第六十四章 防败之策

原文：

其安易持，其未兆易谋；其脆易泮，其微易散。为之于未有，治之于未乱。

合抱之木，生于毫末；九层之台，起于累土；千里之行，始于足下。（为者败之，执者失之。是以圣人无为，故无败；无执，故无失。）

民之从事，常于几成而败之。慎终如始，则无败事。

是以圣人欲不欲，不贵难得之货；学不学，复众人之所过。以辅万物之自然，而不敢为。

波说：

上一章阐述了成就事业的指导方针、策略和方法，本章则换了一个角度，重点阐述如何防止失败。罗马不是一天建成的，事情都有发生、发展的过程，合抱之木、九层之台和千里之行也分别源自毫末、累土和足下，因此，做事要想避免失败，就需要特别注意三个阶段：

第一，在开始做事之前，要妥善筹划，并且在早期阶段尤其要加倍小心，谨慎行事。原因在于，首先，为之于未有之时，事情如同一张白纸，存在着各种可能性，此时如果谋划周全，保证大方向的正确，可获事半功倍之效；其次，在事情尚未显露萌芽的早期阶段，利益相关方对事情最终会往哪个方向发展、能发展到什么程度等都不确定，而且此时还看不到明显的利益，也不会因利益争夺或冲突影响抉择，因而最便于依据客观情况进行谋划；最后，在早期阶段，尚未出现问题或者矛盾的苗头，此时未雨绸缪，如同中医所讲的"治未病"，可在代价最低甚至不付出代价的情况下，防止致乱因素的形成。

第二，在致乱因素开始形成但尚处于脆、微阶段的时候，依靠"味无味"的能力和方法，及时察觉问题的苗头，并迅速采取措施，治之于未乱，将动乱消灭在萌芽状态，可以较小的代价保持事情在正确的轨道上继续发展。

第三，在接近成功的时候，要保持清醒的头脑，不可懈怠，更不可滋生傲惰之心。只有慎终如始，才能确保最后的成功，避免功败垂成。

其安易持，其未兆易谋；其脆易泮，其微易散。为之于未有，治之于未乱。

安适的状态容易保持，兆头未现之时易于谋划，脆的东西易于分离，细微的东西易于消散。在事情尚未显形的时候就要妥善筹划、谨慎作为；在刚开始出现动乱苗头的时候就设法治理，把动乱消除在萌芽之中。

> 合抱之木，生于毫末；九层之台，起于累土；千里之行，始于足下。

合抱粗的大树，成长自细微的嫩芽；九层的高台，由一筐筐的泥土垒起；千里的远行，也需要一步一步地走出来。

大树都是由嫩芽长成的，九层高台是由一筐一筐的土累起来的，千里之路也是一步一步走出来的。要想成就大事，需要从小事做起。

反过来讲，大的祸患或者动乱，也是由细小之事逐步发展而来。在出现动乱苗头时，及时发现并加以治理，会有事半功倍之效。这也是《周易·坤》中"履霜坚冰至"所包含的深刻哲理。

> 民之从事，常于几成而败之。慎终如始，则无败事。

百姓做事，常常在接近成功的时候遭遇失败。如果在最后阶段仍能像刚开始那样保持谨慎，那么就不会遭受失败。

在接近成功的时候，人们往往会放松警惕，失去了应有的谨慎，最终功败垂成。

> 是以圣人欲不欲，不贵难得之货；学不学，复众人之所过。以辅万物之自然，而不敢为。

所以，圣人以人之所不欲为欲，才不会爱重难得的财货；以人之所不学为学，才能纠正众人的过错；以此辅助万物的自然发展，而不敢强为。

难得的财货是普通人所希望得到的，而圣人对于普通人所欲求之物没有欲望，以无味为味，自然也就不会看重难得的财货。普通人学习圣智之术、仁义之学，结果反而助长巧诈伪饰之行，使人离道越来越远，而圣人则引导众人学他们所不学的东西，从而去除伪饰之行，见素抱朴，回归大道。圣人引导、帮助万物循其自然之性发展，而不会逆万物之性强为。

注：

"为者败之，执者失之。是以圣人无为，故无败；无执，故无失。"疑为第二十九章错简，似应移至该章。

第六十五章　民朴国治

原文：

古之善为道者，非以明民，将以愚之。

民之难治，以其多智。故以智治国，国之贼；不以智治国，国之福。

知此两者，亦稽式。常知稽式，是谓"玄德"。"玄德"深矣，远矣，与物反矣，然后乃至大顺。

波说：

老子在第五十七章中曾经强调，"以正治国，以奇用兵"。治国之正，在于使百姓"虚其心，实其腹，弱其志，强其骨，常使民无知无欲"，使百姓保持质朴淳厚的天性，"甘其食，美其服，安其居，乐其俗"，这样就从根本上解决了治国的问题，在上者垂拱而治，即可实现天下大同。因此，老子提倡的治国原则，如同中医治病，追求的目标是从根本上解决问题。

古之善为道者，非以明民，将以愚之。

古代善于行道之人，并非要让百姓变得聪明巧智，而是让他们恢复、保持混沌淳朴的天性。

不要用仁义之学、圣智之术教导百姓，更不要以巧利之欲诱惑百姓，而是要使百姓见素抱朴、少私寡欲、绝学无忧，保持其质朴自然的天性。

民之难治，以其多智。故以智治国，国之贼；不以智治国，国之福。

百姓难以治理，就是因为他们智巧太多。因此，以智谋权术治国，就是国家的祸害；不以智谋权术治国，就是国家的福气。

如果不是在"将以愚之"上下功夫，那么全国上上下下就都多欲多智。多欲，则人人沉溺于对物欲的无尽追逐，天下势必陷于你争我夺的混乱状态；多智，则在上者试图以智谋权术驾驭、控制百姓，百姓反过来也会以巧诈伪饰来对付在上者，在上者又不得不以更多的智谋权术予以应对……如此循环往复，上下离心离德，最终分崩离析。因此，以智治国，国之贼。

知此两者，亦稽式。常知稽式，是谓"玄德"。"玄德"深矣，远矣，与物反矣，然后乃至大顺。

明白以智治国和不以智治国两者之间的差别，就可以把它当作衡量治国之道的准则。始终了解并谨守这个衡量准则，就是玄德。玄德深沉啊、幽远啊，辅助万物返回质朴的本性，然后就可迈入万物合道而各顺其性的大顺之境。

玄德，就是微妙而灵验、幽深而神秘的德行。对于道而言，其玄德概括为"生而不有，为而不恃，长而不宰"；对于治国者而言，其玄德就是"常知稽式"，就是要"不以智治国"。不以智治国，上上下下都回归其自然禀性，都"少私寡欲"，天下自然纷争无有，自然而然地进入人人"甘其食，美其服，安其居，乐其俗"的大顺之境。

稽字的字形，像禾木曲头止住不向上长的样子，本义是停留、阻滞，《说文解字》中道，"稽，留止也"，引申为核查、考核。对于式字，《说文解字》中道，"式，法也"，本义是法度、规矩，引申为榜样、楷模、规格、式样等。因此，本文根据上下文，把"稽式"理解为衡量治国之道的准则。

第六十六章 不争无敌

波说：

要想赢得众人的支持和拥戴，成为领导，不能依靠阴谋权术，更不能依靠明争暗抢，而是要谦退处下，将个人私利置之度外，本着一片公心，为所当为，方可获得众人的认可和拥戴，最终水到渠成，后其身而身先，外其身而身存。

江海所以能为百谷王者，以其善下之，故能为百谷王。

江海之所以能成为百川的首领，是因为江海善处百川之下，故能使百川自然汇聚于自己麾下，自己也自然成为百川之王。

老子在第三十二章说，"譬道之在天下，犹川谷之于江海"，道与天下之间的关系，就好比江海与百川之间的关系，因此遵道的圣人在处理与天下百姓之间的关系时，当效法江海，谦退处下。

是以圣人欲上民，必以言下之；欲先民，必以身后之。是以圣人处上而民不重，处前而民不害，是以天下乐推而不厌。

因此圣人若想成为百姓的领袖，就必须以谦下的言语和态度对待百姓；若要领导百姓，就必须把自身置于百姓之后。因此圣人即使处于统治地位，百姓也不会有受到压迫的感觉；圣人即使处于领导地位，百姓也不会有受到损害的感觉，因此天下百姓都乐于拥戴而不会厌弃他。

要想成为百姓的首领，不可用强力压服百姓，因为恃强压制得不到百姓心悦诚服的拥护，即使勉强成为首领，也不可能长久。成为百姓首领应该是一个水到渠成、瓜熟蒂落的自然过程。怎么才能水到渠成、瓜熟蒂落呢？首先，在言行态度上谦逊、处下，虚怀若谷，这样既可以兼听则明，真正理解百姓所关心的问题，真正理解百姓的切身利益所在，又可以使人才如百川归海一样汇聚在自己周围；其次，要将自己的私欲私利置之度外，把百姓的利益放在第一位，这样才能客观地审时度势，为当时当地所当为，百姓就会如影随形地追随他。如此一来，就会受到百姓全心全意的拥戴而成为百姓的首领，虽欲推却而不可得也。

以其不争，故天下莫能与之争。

正因为圣人不争，所以天下没有人能与他争。

"以言下之""以身后之"，本质上就是不争。为什么不争的威力这么强大呢？首先，不为一己之私而争，就会受到百姓的拥戴，拥有牢固的群众基础，无人能争而胜之；其次，因为不争，把自己的身体和私利置之度外，自己身上就没有死地，使得"兕无所投其角，虎无所用其爪，兵无所容其刃"，即使有人想要与他争，也无从下手。

第六十七章　立身三宝

原文：

天下皆谓我："道大，似不肖。"夫唯大，故似不肖。若肖，久矣其细也夫！

我有三宝，持而保之：一曰慈，二曰俭，三曰不敢为天下先。慈，故能勇；俭，故能广；不敢为天下先，故能成器长。

今舍慈且勇，舍俭且广，舍后且先，死矣！

夫慈，以战则胜，以守则固。天将救之，以慈卫之。

波说：

道之所以伟大，是因为道不自以为大，更不彰显其大。

为人处世，当效法大道，谨守三大原则：慈、俭、不敢为天下先。

天下皆谓我："道大，似不肖。"夫唯大，故似不肖。若肖，久矣其细也夫!

天下人都对我说，虽然说道大，看起来却不像大。正因为道广大无边，看起来才不像大;如果看起来像大，早就变得细微渺小了。

道虽然广大无边，容蓄万物，衣养万物，却不会自傲自大，也不会轻浮地显示自己的大，正所谓"万物恃之以生而不辞，功成而不有，衣被万物而不为主，可名于小"，因此人们感受不到道的大。相反，如果道处处想要彰显自己的大，它也就泯然众人了，不可能成为包容天下、衣养万物的大道。

道的"似不肖"，体现了道的宽广包容、含蓄内敛和谦退处下。与之对应，老子提出了三宝的概念，也就是人应该持守的三大德行:慈、俭、不敢为天下先。

我有三宝，持而保之:一曰慈，二曰俭，三曰不敢为天下先。

我有三大珍宝，始终持守:第一种叫慈，第二种叫俭，第三叫不敢把自己或者个人私利置于天下人之前。

慈的字形从心从兹，兹的意思是草木茂盛，兹与心合起来，意思是有助人苗壮成长之心，因此慈的本义是有助人之心;《说文解字》中道，"慈，爱也"。助人之心和爱人之心相

辅相成，因此，慈可以理解为助人、爱人之心和助人、爱人
之行。

俭字的本义是自我约束、不放纵，引申为节俭、节省。俭
的重点是自我约束，含蓄内敛，不放纵欲望，持守自己的本
真。俭和啬相辅相成，俭是内在约束，啬是外在表现。

不敢为天下先有两层含义：首先在言语态度上要谦逊、退
让，"圣人欲上民，必以言下之"；其次在行为上，必须把个
人利益置之度外，以百姓利益为第一考虑，所谓"欲先民，
必以身后之"。做到了这两点，就会受到天下百姓的拥戴，自
然而然地成为天下之主。

慈，故能勇；

慈，就能勇敢。

慈爱是完全利他的，慈爱的人不会计较个人得失，不计较
个人得失就"无欲则刚"，就会勇往直前地为所当为，这就是
慈故能勇的含义。

俭，故能广；

俭，就能够实现远大的志向。

约束自己的欲望，载营魄抱一，蓄养而不浪费自己的精气
神，就能保持充沛的体力和精力，不受干扰地把注意力集中在
远大的志向上。

约束自己的私欲而使自己"为腹不为目"，少私寡欲而不浪费财货，更不会对外索取无度，天下就能财货充裕。

约束自己的言行，"知其雄，守其雌""挫其锐，解其纷，和其光，同其尘"，使自己"方而不割，廉而不刿，直而不肆，光而不耀"，对百姓无所犯伤，与群众打成一片，百姓就会自然地汇聚在自己周围，支持自己带领大家成就共同的事业。

因此，节制自己的欲望、言行，既能心无旁骛地为所当为，又可赢得天下百姓的拥护，从而实现远大的志向，成就一番事业。

不敢为天下先，故能成器长。

不敢把自己或者个人私利置于天下人之前，就能受到拥戴而成为众人的领袖。

今舍慈且勇，舍俭且广，舍后且先，死矣！

如果舍弃慈而又胆大妄为，舍弃俭而又好高骛远，舍弃谦退而要争先，只能是死路一条！

如果舍弃了慈爱的目的而片面追求勇敢，则所谓勇敢就变成了追求个人利益或者个人表现的匹夫之勇，就是蛮干甚至是妄为。

如果舍弃了俭而追求所谓的远大志向，就无异于缘木求鱼，因为舍弃了俭就意味着放纵私欲，结果就会为满足个人私欲而恣意妄为，横征暴敛，使民生凋敝而致天下汹汹。

如果舍弃谦退处下，自以为高人一等，盛气凌人，把个人利益凌驾于百姓之上，最终必然会被百姓厌恶而抛弃。因此，"舍慈且勇，舍俭且广，舍后且先"，都是自寻死路。

夫慈，以战则胜，以守则固。天将救之，以慈卫之。

慈，凭借它进攻就能取胜，依靠它防御就能稳固。上天如果要帮助一个人，就会用慈爱卫护他，赋予他一颗慈爱之心。

以慈爱之心对待百姓，不但自己会由慈而勇，百姓和士卒也会因感受到你的慈爱而乐于效死，正如孙子所言，"视卒如婴儿，故可与之赴深溪；视卒如爱子，故可与之俱死"，以勇气干云之帅，统领视死如归之战士，天下还有什么敌人不可战胜？还有什么地方不能守御？上天如果想要帮助某个人，就会赋予他一颗慈爱之心，这颗慈爱之心能够护他周全。

第六十八章 不争之德

原文：

　　善为士者，不武；善战者，不怒；善胜敌者，不与；善用人者，为之下。是谓不争之德，是谓用人之力，是谓配天，古之极也。

波说：

弱者道之用，不争是最高的德行。在处理各种关系时，都应牢记并始终遵循这一原则：对友，毫无疑问应该谦退处下；对敌，也应知雄守雌，即使矛盾已经不可调和，也应通过伐谋、伐交等策略，避免直接的正面冲突；对待同事、下属，也应该以礼相待，给予足够的尊重。

善为士者，不武；

高明的武士，不炫耀武力。

不炫耀武力，就是知雄守雌、含蓄内敛，不以利器示人，不以武力凌人，既不会无端树敌，潜在对手也会放松警惕，从而为最终战胜敌人打好基础。

我们可能都听说过一句俚语，咬人的狗不露牙，话糙理不糙。我国农村习惯养狗看家，随便去哪个村庄，一般都会遇到三三两两的狗。大多数狗在看到陌生人时都会大声吠叫，有意思的是，如果你继续迎着它往前走，它虽然会叫得更凶，但身体却诚实地暴露了它的色厉内荏，因为它会一边叫一边往后退，这样的狗其实是不会伤人的。相反，如果一只狗在遇到陌生人时不叫，只是盯着对方，只有在对方距离自己达到一定限度时才会发出低沉的"呜呜"声，那么你就得小心了，因为这样的狗通常非常凶猛，在感觉受到威胁时会毫不犹豫地攻击。可以说，后者是犬界的善为士者。

但是，不武的前提是能武，只有通过积极努力，使自己具备战胜一切敌人的能力，不武才是有意义的，否则不武就是窝囊，只能永远受欺。

善战者，不怒；

善于作战的人，始终保持冷静而不会发怒。

孙子云："主不可以怒而兴师，将不可以愠而致战。"怒则意气用事而进退失据，致败之道也。即使遇到挑衅，也不可冲冠一怒为红颜，而应该始终保持冷静，客观地分析形势，从而做出正确的决策。

善胜敌者，不与；

善于战胜敌人的人，不直接与敌人缠斗。

"与"的意思是交接、与敌方短兵相接。孙子云："上兵伐谋，其次伐交。"不与就是避免直接与敌人缠斗，而采取伐谋、伐交的上策和次上策，从而达到不战而屈人之兵的目的。

善用人者，为之下。

善于用人的人，谦退处下，处处尊重他人。

你若能以谦逊的态度待人，敬重他人，他人就会心甘情愿地为你效力。战国时期，晋国的赵、韩、魏三大家族联合起来，灭掉了智氏家族，智伯有个家臣叫豫让，他不惜漆身吞炭，多次行刺赵襄子，拼死为智伯报仇。豫让被抓住后，赵襄子问他："你不是曾经也做过范氏和中行氏的家臣吗？智伯灭了这两家，你不为这两家报仇，反而投奔在智伯门下。现在智伯已经死了，你为啥唯独拼死为他报仇呢？"豫让回答说："范氏和中行氏以对待普通人的态度对待我，因此我也像普通人那样回报他们。智伯以国士待我，因此我也以国士应有的方式报答他。"

是谓不争之德，是谓用人之力，是谓配天，古之极也。

这就叫作不争之德，这就叫作用人之力，这就叫作符合天道，是古代最高的德行。

　　不武、不怒、不与、为之下，核心是不争。做到不武、不怒、不与，就无形无迹，敌人即使想要与我争斗，也无从下手、无处着力。做到为之下，则人乐于效命。总而言之，这些都是遵道而行的自然结果。

第六十九章　用兵以哀

原文：

用兵有言："吾不敢为主，而为客；不敢进寸，而退尺。"是谓行无行，攘无臂，（扔无敌，）执无兵（，乃无敌）。

祸莫大于轻敌，轻敌几丧吾宝。

故抗兵相若，哀者胜矣。

波说：

本章阐述了"弱者道之用"原则在处理与敌对国家的关系乃至战事方面的应用。

在与对手或敌国斗争中，同样应该持守慈、俭和不敢为天下先的原则，三宝也同样会显示出巨大的威力。谨守三宝，意味着对内以慈待众，对外始终守雌、退让，不会主动挑起争端和战争，一旦发生冲突和战争，我方就是受到侵略的一方，就会得道多助，我方的民众和士兵也会因受到侵略而群情激奋，成为必胜的哀兵。

但是，谨守三宝不是被动的投降主义，而是要知雄守雌，要从军队、国力、武器装备等各个方面，不动声色、不着痕迹地做好迎击一切侵略者的全面准备。做好充分准备，是为了在一旦受到侵略的时候，有足够的自卫能力，并且有实力以雷霆万钧之势，迅速、彻底地打败敌人。一切准备不露痕迹，一方面不给敌人以挑起事端的口实，尽可能避免战争；另一方面也是示弱，使敌人丧失警惕，走上穷兵黩武、自取灭亡的道路，在万一发生战争的时候，我方也能够攻敌不备，以最小的代价战胜敌人。

用兵有言："吾不敢为主，而为客；不敢进寸，而退尺。"

关于用兵，有这样的说法：我不敢主动进攻，而宁愿在受到攻击后进行反击；不敢前进一寸，而宁愿后退一尺。

是谓行无行，攘无臂，执无兵，乃无敌。

这就叫作布好迎击敌人的阵势，却不显露出军队阵形；奋起手臂做好驱逐敌人的准备，却不显露出强壮的手臂；始终手持克敌制胜的利器，却不显露出武器；做到这些，就能天下无敌了。

行无行，第一个行是动词，意思是排成行列，也就是布阵，第二个行是名词，意思是军队的行列、阵形，行无行的完整句子是，行而无示之行，自己布好迎敌的阵势，却不显露出自己的军队和阵形。行无行的另一种方式是，采用伐谋、伐交等更高明的应敌策略，化敌于无形无迹之中，而无需动用军队，更不需要布成打仗的阵形，这就是没有军队和阵形的阵形。

攘无臂，完整的句子是攘臂而无示之臂。攘臂的本义是捋起袖子、伸出胳膊（表示激奋或发怒），这里指为准备迎击侵略者而进行各项动员、准备工作，包括激励士气。打仗需要高昂的士气，因此面临战争的时候，统帅往往会利用誓师大会等形式激励士气，这里的"攘臂"就包括各种激励士气的行动。无示之臂的意思是，我方的各项动员、准备工作都需要秘密进行，不能让敌方知道，以免引起敌方的警觉或者为敌方挑起战争提供借口。

执无兵的意思是，时时刻刻保持警惕，手中始终持有自卫和进攻的武器，然而正所谓"国之利器不可以示人"，既不能让敌人看到我们手持武器、随时准备战斗的状态，更不能让敌人看到我们所持有的武器。

做到了"行无行，攘无臂，执无兵"，就无人能敌。

第二次世界大战开始之前，希特勒虽然准备发动侵略战争，但在具体策略上却巧妙地运用了"行无行，攘无臂，执无兵"的原则，不动声色地完成了战争准备。以组建空军为例，一战结束时签订的《凡尔赛条约》规定，作为战败国的德国，不允许拥有自己的空军。而在现代战争中，没有强大的空军是很难赢得战争的。为了秘密组建德国空军，希特勒政府以航空俱乐部的名义训练飞行员，生产的飞机也都打上教练机字样，经过努力，到 1939 年 8 月，德国空军已经拥有作战飞机近 4000 架，堪称全欧洲最为强大的空军，为德国在战争初期横扫欧洲奠定了坚实的基础。

> **祸莫大于轻敌，轻敌几丧吾宝。故抗兵相若，哀者胜矣。**

没有比轻敌更大的祸患了，因为轻敌就几乎丧失了慈、俭和不敢为天下先的三宝。在敌我双方力量相当的情况下，悲愤的一方会取得胜利。

在任何情况下都不能轻敌，因为轻敌就容易受到诱惑而躁进，主动挑起争端和战争，就违背了慈、俭和不敢为天下先的原则，就成了失道寡助的侵略者，也不能得到民众的支持。

注：

通行本中的"是谓行无行，攘无臂，扔无敌，执无兵"，帛书本中的对应部分为"是谓行无行，攘无臂，执无兵，乃无敌"。基于文义理解，帛本似乎更合乎逻辑，疑似应采用帛本，把"扔无敌"改为"乃无敌"，并且置于"执无兵"之后。

第七十章　被褐怀玉

原文：

吾言甚易知，甚易行。天下莫能知，莫能行。

言有宗，事有君。夫唯无知，是以不我知。

知我者希，则我者贵。是以圣人被褐而怀玉。

波说：

体道、悟道是一个终身修行的过程，不仅需要认真研读圣人之言，更需要静下心来，用心体悟，并且持之以恒。

道行之而成。体道、悟道固然重要，如果不能身体力行，懂得再多，也是枉然。

吾言甚易知，甚易行。天下莫能知，莫能行。

我所说的道理很容易理解，也很容易实行。但是天下却没有人能理解，更没有人能实行。

虽然常道本身惟恍惟惚，但经过老子的归纳总结，提炼出修身养性、经世治国的基本原则，并以平实的语言阐述出来，中士、下士应该都能很容易地理解和实行。那么，为什么天下人都不能理解、不能实行呢？"明道若昧，进道若退，夷道若纇"固然是一个重要的原因，但人们惑于成见和躁欲，终日为了追名逐利而蝇营狗苟，不能"致虚极，守静笃"，也不能"涤除玄鉴"而体道，恐怕是更主要的原因。

言有宗，事有君。夫唯无知，是以不我知。

我所言都是有根据的，我所行都是符合大道主旨的。正因为天下人不了解这些，所以也就不能理解我。

知我者希，则我者贵。是以圣人被褐而怀玉。

理解我的人很少，效法我的人更是难能可贵。因此，得道的圣人虽胸怀美玉，却被一身粗布衣服所掩盖。

第七十一章　病病不病

原文：

　　知不知，尚矣；不知知，病也。圣人不病，以其病病。夫唯病病，是以不病。

波说：

　　为人处世，当始终谦逊、谨慎，即使对某些方面有所了解，也应该戒骄戒躁，始终保持开放的心态，诚心诚意地对待不同的观点和意见，而不能自以为是。如果像盲人摸象那样，对事物一知半解就自以为是、故步自封，必然会妨碍自己对大道的体悟，行事也会陷入困境。

知不知，尚矣；不知知，病也。

　　知道却不自以为知道，这就最好了。不知道却自以为知道，这是一种大毛病。

　　不自以为知道，就能保持开放的心态和谦逊的态度，认真考虑别人的意见和建议，做到兼听则明。相反，如果以不知为已知，就会故步自封，听不进不同意见，最终会摔大跟头。

圣人不病，以其病病。

圣人不会犯以不知为知的毛病，是因为圣人始终对这种毛病保持高度警惕，所以才不会犯这种毛病。

夫唯病病，是以不病。

只有始终对以不知为知的毛病保持警惕，才不会犯这种毛病。

第七十二章　不为已甚

原文：

　　民不畏威，则大威至。

　　无狎其所居，无厌其所生。夫唯不厌，是以不厌。

　　是以圣人自知不自见，自爱不自贵。故去彼取此。

波说：

　　无论何时何地，无论在任何情况下，都应该给别人留下出路。用兵打仗时，即使我方用数倍于敌的兵力包围敌人，通常也会有意留下一个缺口，以免敌人因看不到逃生之路而做困兽之斗，给我方造成不必要的损失。

　　无论是与个人还是单位进行合作，都应留有余地，给别人留下足够的利益和空间，合作共赢才是长久之道。

民不畏威，则大威至。

如果百姓不再害怕刑罚之威，那么倾覆社稷的天威就将降临。

百姓只有安居乐业，至少拥有最基本的生存空间和生活条件，才会对国家权力和法制体系保持应有的敬畏，社会秩序才能稳定，统治者才能安享尊荣富贵。相反，百姓如果居无定所、衣食无着，就会无所顾忌、铤而走险，最终导致社会矛盾的大爆发，统治者也只能落得身死国亡的下场。秦朝末年，朝廷对百姓就是狭其所居、压其所生，令百姓"亡亦死，举大计亦死"，不得不奋起反抗，最终导致秦朝二世而亡。

无狎其所居，无厌其所生。

不要过度压迫而令百姓居无所安，不要过度压榨而使百姓生计无着。

夫唯不厌，是以不厌。

只有不过度压榨百姓，百姓才不会憎恶统治者。

是以圣人自知不自见，自爱不自贵。故去彼取此。

因此圣人了解自己却不表现自己，爱惜自己却不自以为高贵。因此应效法圣人，摒弃自见、自贵，而保持自知、自爱。

　　高明的统治者明白，只有给百姓留有足够的生存空间，百姓才不会憎恶厌弃统治者，才会安心接受统治者的统治，社会才能保持稳定。

　　因此高明的统治者应该清楚了解治国的根本原则和自己的功过得失，本着"烹小鲜"的原则，尽量减少自己的存在感，减少对百姓的扰动，做百姓"不知有之"的"太上"，使百姓安居乐业。高明的统治者还应该清楚，"治人事天，莫若啬"，俭啬自爱方为长生久视之道，如果放纵自己，为满足一己之私而贪得无厌，对百姓横征暴敛，最终只会导致"民不畏威则大威至"的悲惨下场。因此，高明的统治者会自觉地克制自见、自贵的欲望，而采取自知、自爱的态度，保持社会的长治久安。

第七十三章　天网恢恢

原文：

勇于敢则杀，勇于不敢则活。此两者，或利或害。天之所恶，孰知其故？（是以圣人犹难之。）

天之道，不争而善胜，不言而善应，不召而自来，繟然而善谋。天网恢恢，疏而不失。

波说：

强力不足恃，谦退处下方是存身成事之道。

勇于敢则杀，勇于不敢则活。

恃强冒进就会招致杀身之祸，谦退处下方能存身无忧。

强横冒进是逆物之性的，会招致激烈的对抗，结果可能使自己陷于困境甚至是危险之中。不敢则是对天地万物保持应有的敬畏之心，以谦退处下的态度对待天地万物，从而与天地万物和谐相处，万事通达。

此两者，或利或害。

恃强冒进和谦退处下，一个有利一个有害。

天之所恶，孰知其故？天之道，不争而善胜，不言而善应，不召而自来，缂然而善谋。天网恢恢，疏而不失。

恃强冒进是上天所厌恶的，谁能知道其中的缘故呢？自然之道，不争不夺却无人能胜，不言不语却无事不应，无请无召却无处不在，不急不躁却算无遗策。天网宽大无边，看似稀疏却无所遗漏。

为什么上天厌恶恃强冒进呢？因为恃强冒进是违背天道的。天道不争不言，其作用却无处不在，其力量也无物可比，顺天道者昌，逆天道者亡。无论人们知道与否、喜欢与否，天道就在那里，时时刻刻在发生作用。天道从容不迫，若有似无，却无所不包、无所不覆。天道就像无边无际的大网，虽然视之不见、听之不闻、搏之不得，却包罗天地万物，无所遗漏。

注：

"是以圣人犹难之"疑为第六十三章错简重复，可删去。

第七十四章 代斫伤手

波说：

　　暴力、压制可能暂时掩盖问题，但却永远不能解决问题，依靠暴力的人迟早会遭到反噬。只有因物之性、因势利导，方可使人心悦诚服，全心全意地合作。

民不畏死，奈何以死惧之？若使民常畏死，而为奇者，吾得执而杀之，孰敢？

　　如果百姓已经不怕死了，为什么还要用死来威胁他们呢？假如百姓始终怕死，那么对于那些犯法作乱的人，我就可以把他抓起来处死，还有谁敢犯法作乱？

　　人之常情是悦生恶死的。在百姓生活能得到基本保障的正常情况下，武力和刑罚是有威慑作用的，绝大部分人会因为害怕受到处罚而不敢违法作乱。但是，如果统治者欺压百姓过甚，百姓被逼上梁山、被迫拼死一搏，就不会怕死了，社会到了这种状态，统治者再想依靠武力刑罚来压制百姓，就不会有任何作用了。

> **常有司杀者杀。夫代司杀者杀，是谓代大匠斲。夫代大匠斲者，希有不伤其手矣。**

　　本来有专司生死的天道去诛杀当杀之人。统治者代替天道去杀人，就如同代替专业的木匠去砍削。而代替专业木匠去砍削的人，很少有不砍伤自己之手的。

　　天网恢恢，疏而不漏，人的生死自有天道决定。专业的木匠可以轻松地把木材砍削成想要的样子，但是，如果外行人也贸然拿起刀斧去砍削木材，不仅不能达到目的，反而可能会砍伤自己的手。同样道理，人类的生死本有天道自然主宰，如果统治者违背天道，一味依仗武力去压制百姓甚至屠杀百姓，则不但不能压服百姓，反而会招致更激烈的反抗，最终落个身死国亡的下场。

　　因此，治国的根本，在道不在力。

第七十五章　无生贵生

原文：

民之饥，以其上食税之多，是以饥。

民之难治，以其上之有为，是以难治。

民之轻死，以其上求生之厚，是以轻死。

夫唯无以生为者，是贤于贵生。

波说：

当领导与养生是一个道理，最好的养生方法是外其身，外其身则身存；好的领导也是后其身、外其身，公而忘私，本着公心，为所当为。

私心过重的领导者，既难客观地对事，也难公正地待人，不仅不能带领大家把事情做好，而且还会受到众人的厌弃和反对。这样的人不可能领导好一个部门或者单位，最终自己的利益也会受到损害。

民之饥，以其上食税之多，是以饥。民之难治，以其上之有为，是以难治。民之轻死，以其上求生之厚，是以轻死。

百姓食不果腹，是因为统治者横征暴敛，所以百姓生计艰难。百姓难以治理，是因为统治者胡作非为，所以百姓难以治理。百姓不怕死，是因为统治者奉养太厚、贪得无厌，所以百姓只能冒死反抗。

统治者的所作所为，直接关系到民生和社会的稳定。统治者的职责在于顺物之性，依据天道人心去治理社会，使百姓安居乐业。如果统治者为满足私欲而横征暴敛、巧取豪夺，就会导致民不聊生；如果统治者为个人目的而恣意妄为，政令繁苛，百姓也会以巧饰诈伪来自保，自然难治；如果统治者骄奢淫逸，"带利剑，厌饮食"，为满足个人私利而横征暴敛，百姓到活不下去的时候，就别无选择，只能以死相搏。

夫唯无以生为者，是贤于贵生。

只有不把奉养生命放在心上的人，才是真正懂得珍爱生命的人。

治国与养生的道理是相通的。善于养生的人，俭啬内守，根本没有养生的念头，更不会追求私欲私利的满足，结果反而"外其身而身存"，达到了最好的养生效果。统治者应该借鉴这种养生理念，约束自己的私欲，不追求私欲私利的满足，自身的欲求少了，对百姓的索取就少了，自然不会无端扰动百姓，更不会因贪得无厌而恣意妄为，对百姓横征暴敛。这样无需过多作为，就能上下和谐相处，社会秩序井然，统治者和百姓的利益都得到实现。

第七十六章　兵强则灭

波说：

富有生机和活力的事物都是柔弱的、灵活的，而僵化的、没有生命力的事物都是僵硬、枯槁的。

守柔才富有生机，才能灵活应变，才能无往而不利。

人之生也柔弱，其死也坚强；草木之生也柔脆，其死也枯槁。故坚强者死之徒，柔弱者生之徒。

人活着的时候身体是柔软的，死后则身体僵硬。草木生长的时候是柔脆的，死后也变得枯槁。因此坚硬僵直属于死亡的特征，而柔软细弱则是富于生命的表现。

人和草木在生和死之时呈现的不同状态，印证了物壮则老的自然规律。凡是柔软细弱的东西，往往充满生机，茁壮成长；而僵硬枯槁的东西则易失去生命活力而衰败。

是以兵强则灭，木强则折。

所以，军队逞强斗狠就会灭亡，树木僵直不屈就会折断。

看似强大的军队，如果只知逞强斗狠，那么一方面自己会因轻敌而疏于防备，另一方面则会四处树敌，招致众多势力的联合反击，从而遭到毁灭性打击。树木长大了，树干高大挺直而不知柔曲，即使不被人砍伐，迟早也会被狂风或者雷击折断。

强大处下，柔弱处上。

逞强骄横者会处于不利地位，而守柔示弱者则能自然获得有利地位。

第七十七章　天人有别

波说：

虽然人类社会是大道体系的一个部分，从长远来看，人类社会运行之道应服从于天道和大道，但是，人类社会也有自己的特殊规律，如果任其自由发展，人类社会的运行也会偏离大道，最终只能通过剧烈的社会震荡才能纠偏。

天道损有余而补不足，从而维持天地万物的动态平衡；而人道却是损不足以奉有余，损害穷人的利益来奉养富人，如果任其发展，贫富差距就会越来越大，人类社会就会严重失衡，最终导致"大威至"，通过剧烈的社会动荡来纠正这种偏离大道的状态，结果统治者被推翻，百姓生灵涂炭。因此，统治者应该学习有道者，积极作为，抑制"损不足以奉有余"的进程，维持人类社会的动态平衡，使百姓生活相对安定、富足，自己的统治也自然得以延续。

纵观中国历代王朝从建立到灭亡的过程，都是从王朝刚建立时统治者的励精图治、休养生息开始，社会财富逐渐增加，贫富差距也逐步扩大，财富越来越向少数特权阶级集中，到王朝的中后期，占人口绝大多数的农民阶级基本处于上无片瓦、下无立锥之地的赤贫状态，一旦遇到天灾人祸，百姓就无法生存，只能铤而走险，揭竿而起，以暴力推翻旧王朝，建立新的王朝，开始新一轮的循环。

为人处世，当效法得道的圣人，凡事不可求盈满，要懂得分享，才能保持各方面利益之间的动态平衡，实现社会和谐。幻想占尽天下好处，只会成为独夫；乐于分享其成，才可赢得人心。

> **天之道，其犹张弓与？高者抑之，下者举之；有余者损之，不足者补之。**

天道的作用方式大概就像开弓射箭吧？弓臂过高就压低一些，弓臂过低就抬高一些。对于富余的，就加以损抑；对于不足的，就加以增补。

天道的根本是顺其自然，通过天地万物的相辅相成、相生相杀，实现有余者损之、不足者补之，始终维持着天地万物之间的动态平衡，使天地万物得以和谐地运行、发展。

> **天之道，损有余而补不足；人之道则不然，损不足以奉有余。**

天之道是损抑有余的而弥补不足的；人之道却不是这样，人类社会的普遍现象是损害穷人的利益来奉养富人。

天道和人道同属大道的一部分，虽然人当法地、法天，但这种效法不是简单的复制，人道也有自己特殊的规则和规律，损不足以奉有余就是人道的特殊规则之一。

为什么会出现损不足以奉有余的现象呢？因为人类具有天赋的欲望和聪明才智，而名利是满足欲望的有效手段。为了满足自己日益膨胀的欲望，人们自然会利用自己的聪明才智，追名逐利。在名利竞争中获胜的那部分人，取得了优势地位，占有较多的资源和较高的地位，而资源和地位一方面会刺激他们产生更大的欲望，另一方面又有助于他们获取更多的资源和更高的地位，因此人类社会的普遍现象，是损不足以奉有余，穷人越来越穷，富人越来越富。

但是，人类社会这种损不足以奉有余的现象，不符合天道，会造成社会的不公平、不和谐，最终导致社会的剧烈动荡，酿成大祸，因此，出于维持自身统治的目的，统治者也必须采取措施，抑制这种不公平的现象，避免社会财富的过度集中。

孰能有余以奉天下？唯有道者。

谁能够自身有余并用自己的有余来供养天下不足之人呢？只有得道之人才能这样。

损有余而补不足，能实现天地万物的和谐平衡。因此得道之人效法天道，努力以自身的有余去奉养不足之人。

有道者为什么能有余并且损自己的有余以供养天下不足之人呢？因为有道者俭啬修身，需求少而易于满足，因此在精神和物质两方面都能有余；而且，有道者清楚，"金玉满堂，莫之能守；富贵而骄，自遗其咎"，如其持盈求满而最终不免身败名裂，不如早做退步，以求"敝而新成"，因而始终本着慈爱之心，愿意用自己的有余去帮助其他人。

注：

"是以圣人为而不恃，功成而不处，其不欲见贤"与本章文义不合，与"是以圣人为而不恃，功成而不处"类似的文字已在第二章出现过，此处可删。"其不欲见贤"文义与第五十六章相合，可移至第五十六章。

第七十八章　正言若反

原文：

　　天下莫柔弱于水，而攻坚强者莫之能胜，以其无以易之。

　　弱之胜强，柔之胜刚，天下莫不知，莫能行。

　　是以圣人云："受国之垢，是谓社稷主；受国不祥，是为天下王。"正言若反。

波说：

　　天下最柔弱的东西，反而能克制最坚强的东西。但是，我们必须认识到，无与伦比的韧性和耐性，是弱胜强、柔胜刚的法宝，也是弱胜强、柔胜刚的前提条件。

　　弱者和柔者既须根据实际情况，灵活变通，更须坚持自己的原则，坚守自己的初心，持之以恒，最终才能发挥出弱和柔的巨大功用，胜强克刚。

天下莫柔弱于水，而攻坚强者莫之能胜，以其无以易之。

天下没有比水更柔弱的了，然而却没有什么东西比水更能冲击、战胜坚硬之物，因为没有什么东西能够改变水、使水屈服。

表面上看，水是天下最柔弱的东西，外形始终随着其周围约束之物的形状不同而变化，约束之物为圆，水也随之为圆；约束之物为方，水也随之为方。然而，滴水穿石，再坚硬的山石，最终也能被水所溶蚀。水能攻坚强者的法宝是什么呢？就在于两点：其一，坚守本性；其二，不忘初心。坚守本性、不忘初心，就是坚持自己的原则和底线，以超强的韧性和耐性，持之以恒地向着既定目标努力。

什么叫"无以易之"？就是任何事物、在任何情况下都不能改变水的本性和初心。水虽然外表柔弱而不争，但却极具原则性、韧性和耐性，这是其以弱胜强、以柔克刚的根本。什么是水的原则性？虽然外形随着外物变化而变化，但水却始终保持自己作为水的本性：天寒地冻的时候，水变成了冰，但一旦回升至合适的温度，冰马上又变回了水；被高温蒸煮的时候，水会变成蒸汽，但一旦下降至合适的温度，蒸汽马上又变回了水。什么是水的韧性和耐性？我们看看滴水是如何穿石的，就明白什么叫耐性和韧性，毫不夸张地说，滴水穿石是对耐性和韧性最好的诠释。

如果失去了原则性、韧性和耐性，弱和柔就变成了随波逐流的圆滑，当然不可能胜强、胜刚，更不可能成就事业。

弱之胜强，柔之胜刚，天下莫不知，莫能行。

弱胜强、柔胜刚，天下人没有不知道这个道理的，却没有人能够实行。

天下人都见过滴水穿石的现象，也明白弱胜强、柔胜刚的道理，但为什么不能身体力行呢？因为弱胜强、柔胜刚需要满足三个前提条件：其一，要能受得委屈，能屈能伸，灵活变通；其二，要能始终坚守自己的本性和初心，威武不能屈，富贵不能淫，贫贱不能移；其三，要能持之以恒。天下人蔽于私欲私利，往往急功近利，因此很难像水那样长期坚持下去。

是以圣人云："受国之垢，是谓社稷主；受国不祥，是为天下王。"正言若反。

所以圣人说：能承受国家的诟辱，才是合格的君主；能承受国家的灾难，才能成为天下之王。符合大道的至理之言，听起来却好像是违背常理的。

常人都以为，作为社稷之主、天下之王，能享受无限的荣耀，然而真正能够受天下人拥戴而成为社稷之主、天下之王的人，却都是像水一样，为天下承受诟辱和灾难；也只有那些以身为天下的人，最终才能"后其身而身先"，成为社稷之主、天下之王。从这个角度讲，至理之言听起来好像是违背常理的。

第七十九章 有德司契

原文：

和大怨，必有余怨，（报怨以德，）安可以为善？

是以圣人执左契，而不责于人。有德司契，无德司彻。

天道无亲，常与善人。

波说：

如果已经与人结怨或者招人嫉恨，即使报怨以德，化解了矛盾，也会留下难以弥合的裂痕。因此应当谨守不争之德，谦退处下，不计较个人私利，从根本上消除与人结怨或招致嫉恨的可能性。

和大怨，必有余怨，报怨以德，安可以为善？

如果产生了巨大的仇怨，即使最终化解了，也必定会存在余留的怨恨。因此，即使用恩德来回报仇怨，又怎么能说是符合大道的善举呢？

等到细小的怨恨已经发展成巨大的仇怨之后，方才设法消弭仇怨，甚至是以恩德来回报仇怨，那么，即使成功地化解了仇怨，也必定会留有余怨，这样的做法不能说是符合大道的善举。

是以圣人执左契，而不责于人。有德司契，无德司彻。

因此圣人拿着债权契约，却不向负债之人求索。有德之人仅仅以契约明确双方权责关系而已，无德之人却苛察对方是否违背了契约。

什么才是符合大道的善举呢？就是遵道而行，从源头上消除可能导致怨恨的因素。以人类社会中常见的借贷关系为例，在发生借贷行为之时，无论有德之人还是无德之人，都需要订立契约以明确双方的权责关系。但在契约订立之后，有道的圣人却以慈爱、包容的态度对待债务人，对代表债权的契约也淡然处之，不会动辄依据契约索讨债务，因而不会结怨；无德之人却斤斤计较，动辄以契约苛责对方，不允许对方在履行契约方面出现任何细微的瑕疵，结果必然会招致怨恨。

天道无亲，常与善人。

天道没有任何偏私，始终支持、帮助善人。

天道客观公正，无任何偏私，但是，由于善人的行为符合天道，因此善人始终能得到天道的支持和帮助。

注：

"报怨以德"本在第六十三章，疑为错简，根据上下文，移至本章为宜。

第八十章　安居乐俗

原文：

　　小国寡民。使有什伯之器而不用，使民重死而不远徙。虽有舟舆，无所乘之；虽有甲兵，无所陈之。使民复结绳而用之。

　　甘其食，美其服，安其居，乐其俗。邻国相望，鸡犬之声相闻，民至老死，不相往来。

波说：

治国的根本，在于使百姓甘其食、美其服、安其居、乐其俗，使百姓对其生活的方方面面都感到满足，无论外面有什么诱惑，也不会见异思迁。人心稳定了，社会自然和谐而安定。

　　一个领导者成功的标志，是被领导者对本单位的各个方面都高度认可，满足于自己当前的职位、职责和待遇，心情舒畅，精神愉快，即使外面有人来挖他，他也不会产生改换门庭的想法。为此，领导者必须知人善任，使被领导者能人尽其才，且能得到满意的待遇；同时还要能带领大家一起，打造健全的制度和良好的内部文化，使被领导者身心舒畅，珍惜在本单位工作的机会。

小国寡民。使有什伯之器而不用，使民重死而不远徙。虽有舟舆，无所乘之；虽有甲兵，无所陈之。使民复结绳而用之。

理想的社会是建立百姓数量不多的小国家。即使有各种各样的器具却不使用，使百姓爱惜生命而不愿意向远处迁徙。虽然有车船，却没有乘坐的需要；虽然有盔甲兵器，却没有用武之地。使百姓恢复结绳记事的简朴生活状态。

小国寡民是一种理想的社会状态，国小、人少则人际关系比较简单，人们的生活单纯质朴，结绳就足以记事，完全没有使巧用智的需求，也没有使用各种器具的必要；人们珍爱自己的生命和快乐生活而不愿意冒险远徙，因此不需要乘坐车船等交通工具；国家之间和平相处，各种武器也就没有用处。

甘其食，美其服，安其居，乐其俗。邻国相望，鸡犬之声相闻，民至老死，不相往来。

百姓认为自己的饮食是甘甜可口的，认为自己的衣服都是漂亮舒服的，认为自己的居所都是安全舒适的，认为自己的风俗习惯都是令人快乐的。相邻国家的百姓可以相互看见对方，

也可以相互听见对方的鸡鸣狗叫之声，但是，百姓直到老死也
不会相互往来。

人们顺应自然而自给自足，自由自在地享受自己的甘食、
美服、安居、乐俗，对自己生活的方方面面都感到满足，因而
对外界可能的诱惑完全没有兴趣，即使外面的世界触手可及，
比如鸡犬之声相闻的邻国，也完全没有意愿去探求，更不会去
争夺。在这种小国寡民的体制下，最终实现了人人"见素抱
朴、少私寡欲、绝学无忧"的理想状态。对统治者而言，也
实现了无为而无不为的理想状态。

小国寡民作为一种体制，恐怕已经不能适应当今社会的现
实情况。然而，其中蕴含的哲理，却可为统治者、管理者治理
社会、实施教化提供指导，也可为个人追求自身幸福提供参考
借鉴。

第八十一章　为而不争

原文：

信言不美，美言不信。

善者不辩，辩者不善。

知者不博，博者不知。

圣人不积，既以为人，己愈有；既以与人，己愈多。

天之道，利而不害；圣人之道，为而不争。

波说：

本章以"圣人之道，为而不争"作为结语，也是全书的点睛之语。这句话可以给我们以下两点启发：

其一，人生而负有天赋使命，必须有所作为；

其二，所有作为当遵道而行，因物之性、顺势而为，方可为而不争，最终为而无形、为而无迹。

信言不美，美言不信。

真实的话语不华丽，华丽的言辞不可信。

信言所讲的道理或者事实是真实而且能得到验证的，不需要用华美的辞藻来修饰，修饰反而有损真实。反之，不真实的话，才需要用华丽的辞藻来掩饰，以掩盖其内容的虚假空洞。

善者不辩，辩者不善。

遵道的善人不区别待人，区别待人的人不是遵道的善人。

悟道行道的善人，对所有人都一视同仁，善待所有人，而不会把人区分为三六九等，区别对待。

知者不博，博者不知。

有大智慧的智者不炫耀自己知识的广博，炫耀自己知识广博的人不是拥有大智慧的智者。

一瓶不响，半瓶晃荡。有道者"知不知"，从来不会自以为知识广博，更不会炫耀广博的知识，而那些炫耀知识广博的人，往往是晃荡的"半瓶子"。

圣人不积，既以为人，己愈有；既以与人，己愈多。

圣人不聚集财货，尽力帮助他人，自己反而会更富有；把财货都给予他人，自己反而能得到更多。

圣人以俭啬修身，少私寡欲，对身外之物需求甚少，因而不需要聚集财货。他尽自己的力量、拿自己的财货去帮助他人，一方面践行了慈的理念，使自己得到精神上的满足；另一方面"后其身而身先"，因其不顾私利而受到众人拥戴，反而能得到更多的利益。当然，获取更多的利益不是圣人追求的目的，而是自然的结果，圣人可以利用这些获得的利益去帮助更多的人。

天之道，利而不害；圣人之道，为而不争。

天之道，利物而不害物；圣人之道，为所当为却不争不夺。

虽然天道无亲，但天道通过万物之间的相辅相成、相生相杀，实现天地万物之间的动态平衡，维持天地万物的自然更迭。

圣人对众人无所偏私，但遵大道而行，以顺应万物之性而不争的方式，润物细无声，纠正人类社会中偏离人道的行为，维持人类社会的和谐、安定，辅助人类社会的繁衍生息。